JN045197

＼ 自分に自信が持てる ／

PLATINUM
プラチナ
PROPORTION
プロポーション
METHOD
メソッド

株式会社ダイアナ代表
徳田充孝 著

F フローラル出版

時代が変わっても、本質的な美は変わらない

女性はいつの時代も、美しさを追い求めてきました。ヘアメイクやファッション、ダイエットやスキンケア。昭和から平成、そして令和の現代に至るまで、トレンドは時の流れとともに変化し、私たちの「美」に対する概念もそれに応じて、少しずつ変化しています。

例えばあなたは、このような経験をしたことはないでしょうか。

「今も活躍する女優さんの昔の姿を見て、肩幅がやたら広い服を着ていて、思わず笑ってしまった」

序章

美しさとはなにか

「自分の写真を見返したら、若いのに、メイクは古いと感じた」

「美容雑誌などで『今っぽい顔』『今っぽいメイク』などのワードを頻繁に見かけるが『こんなのが流行ってるの？』と驚いてしまった」

これらは全て「美しさの基準」が時代と共に変わっているからこそ、起こりうることです。

では、美しさというのは、常に時代とともに作られるものでしょうか？

確かにそのような側面はあります。前述の例のように、今、バブル期に流行ったような大きな肩パットの入った服を着ていたら、街行く人々からどんな目で見られるかわかりません。

しかし、ここで注意してもらいたい点があります。この時代の移り変わりというのは、あくまで人間の外側の部分、すなわちファッションやメイクだけの変化です。

美というのは、外側だけで作られるものでしょうか？　いいえ、違います。

美の本質は、ファッションやメイクの内側、すなわち、あなた自身からもたらされるもので、そこには時代も流行もありません。

でも、自分自身からもたらされる美と聞くと、重い気持ちになってしまう人も多いことでしょう。

「私、そんなに顔がきれいじゃないし」

「小さくて、手足だって短いからとてもじゃないけど、美しくなれないし」

などなど、多くの悩みの中で、結局、ファッションとメイクに頼ってしまうことと思います。

しかし、これは大きな過ちです。顔がよくないから美しくなれないわけではありません。小さい大きいなども美しさに大きな影響はもたらしません。

大事なのは体のバランス。すなわち自分自身に合ったプロポーションを作ることができれば、どんな人でも美しく見えるようになるのです。

序章

美しさとはなにか

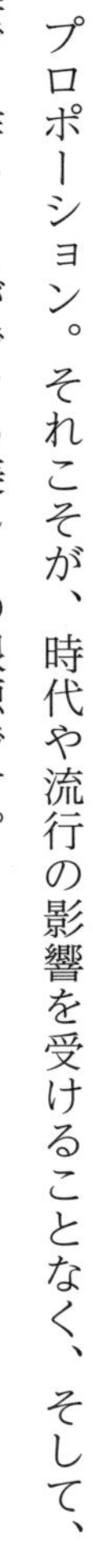

プロポーション。それこそが、時代や流行の影響を受けることなく、そして、誰でも作ることができる美しさの根源です。

とはいえ、プロポーションと一言で表しても、それを作ることにも困難を感じてしまう人もいることでしょう。

しかし、安心してください。

私たちダイアナは、「女性美の原点は美しいプロポーションにある」という理念のもと、37年間にわたってお客様のために、「メリハリとバランスの取れたプロポーションづくり」を実現し続けてきました。

メイクやファッションがトレンドの影響を受けやすい一方で、プロポーションに対する美しさの基準は、時が経過しても変わることがありません。

昭和や平成初期と比較すると、日本人女性の体型には微妙なサイズの変化が生じてはいるものの、本質的な価値は変わらず、メリハリがあってバランスの良いスタイルは何年経っても美しいと言えるでしょう。理想的なプロポーションの女性は、10年経っても20年経っても、もっと言えば100年経っても、誰にとっても同じように「美しい」という印象を与えるはずです。

ダイアナでは、これまで95万人以上[※]の女性のプロポーションづくりをお手伝いしてきました。私たちが定義する「美しいプロポーション」とは、37年間の研究と95万人の女性のデータの分析によって導き出され、数値化されたものです。いわば科学的根拠にもとづいた「美しさ」なのです。そのため、感覚や流行に左右されることがありません。

本書では、ダイアナが長年にわたって収集してきたデータと現場で美の最前線と向き合っているカウンセラーの経験値から、「美しさにとって必要なこと」をお伝えしていきたいと思います。

※2022年12月末現在（当社調べ）

序章

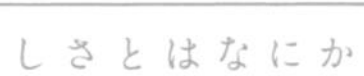

美しさとはなにか

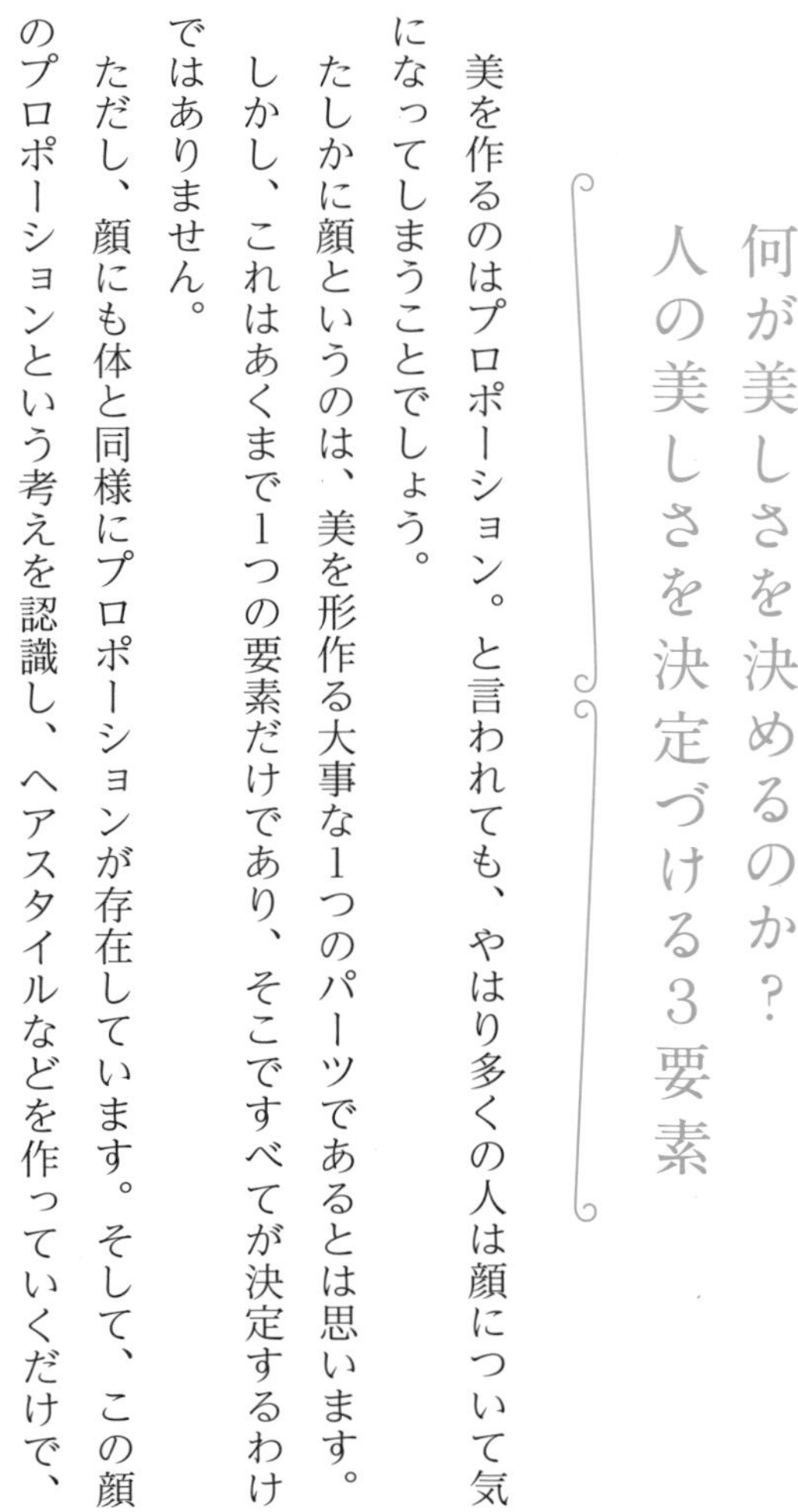

何が美しさを決めるのか？ 人の美しさを決定づける3要素

美を作るのはプロポーション。と言われても、やはり多くの人は顔について気になってしまうことでしょう。

たしかに顔というのは、美を形作る大事な1つのパーツであるとは思います。しかし、これはあくまで1つの要素だけであり、そこですべてが決定するわけではありません。

ただし、顔にも体と同様にプロポーションが存在しています。そして、この顔のプロポーションという考えを認識し、ヘアスタイルなどを作っていくだけで、体と顔の均整が取れた美しい自分を作り出すことができます。

では、実際にみなさんが何をしていけばいいのかというと、左記の3つになります。

1. メリハリとバランスを知ること
2. 健康的であること
3. 頑張りすぎず、キレイになるのを楽しむマインド

それぞれを簡単に解説していきたいと思います。

1. メリハリとバランスを知ること

メリハリとバランス。そう言われても、すぐにピンと来る人はいないと思います。

人によって身長も違えば、年齢も違います。

そのため、一人ひとりにあったメリハリとバランスというものが存在するため、一概に、どれが正解か。という答えは出づらいと思います。

しかし、この答えを導き出したのが、私たちダイアナが95万人のデータをもとにして作った「ゴールデン・プロポーション」と「プロポーションインデックス®（PI）」という指標です。

これに即したボディメイクを行うことで、どんな身長、どんな年齢の人でも確実に理想のプロポーションを数値から作り出すことができます。

2．健康的であること

2つ目は「健康的であること」です。美しさと健康は切っても切り離せません。では、健康な状態とは何かというと、それは、体の機能がしっかりと動くことです。何かを食べれば、しっかりと内臓が働き、消化、吸収が滞りなく行われる。体を動かしたときもバランスを崩すことなく、正確に動かすことができる。

このような状態が作れると、骨格は正しい位置に置かれ、必要な脂肪と適度な筋肉がつき、これにより、1つ目で挙げた「メリハリのあるプロポーション」が作られるための前提が確保されるというわけです。

では、このような健康を作るために何をすべきかというと、食生活をはじめとした生活習慣によって、少しずつ形作っていくことが肝要です。

3．頑張りすぎず、キレイになるのを楽しむマインド

ダイエットをしている人は多いと思いますが、その中には、ストイックに取り組まないと成功しない、と考えている人も多いことでしょう。しかし実際は、正反対です。「楽しくなければダイエットは成功しない」のです。

プロポーションづくりも同様です。1と2で示したことを実践しようとすると、どうしても今までの生活とは違う、新しい生活習慣を取り入れなければいけません。

序章

美しさとはなにか

しかし、ここで頑張ってしまうと、やはり長続きしません。美しくなるためには無理をして頑張る必要はいっさいありません。むしろ、無理をしなくてはならない要因は徹底的になくす必要があります。

変わりたい自分を楽しみ、変わった自分をより楽しむ。
このようなマインドで行うからこそ、美しいプロポーションを手に入れることができるのです。

とはいえ、この3つの要素を満たそうと思うと、やはり「大変そう」と思われる人も多いことでしょう。
そこで、これからお話する1章では、ダイアナのサロンに来てくださったお客様がどんな悩みを持っていたのか、どんな気持ちでサロンに来られたのか、ありのままをお伝えいたします。

つづく2章では、美に関する勘違いを正し、何を基準にして美を追求していけばいいのか、3章では美をつくる「サイズの計測」の重要性について、4章ではプロポーションを悪くする生活習慣、考え方について、そして最終章となる5章では、私たちダイアナのサロンやカウンセラー、取り組みなどをご紹介いたします。

本書を読むことで「本当の美とはなにか」「理想的なプロポーションに近づくにはどんなことをすればよいのか」わかるはずです。

理想的な自分をイメージしながら、ぜひ読み進めてみてください。

『自分に自信が持てる プラチナプロポーションメソッド』

目次

序章 美しさとはなにか ―― 2
目次 ―― 14

美を追い求めた5人の女性のケース

23
食べなければ痩せるダイエットが私には合ってる ―― 24
顔のコンプレックスが許せなくて、整形を繰り返しています ―― 27
友人のアドバイスを参考にして、ダイエットしています ―― 30
どうせもう年だから……理想体型なんて無理ですよね? ―― 33
とにかく10キロ痩せたいんです! ―― 36

脱・ダイエットマインドでプロポーションはつくられる

39

リバウンドばかりするダイエットは、本当のダイエットではない ― 40
美人とは顔の美しさではない ― 44
ダイエットの答えはキログラムではなくセンチメートルにある ― 48
プロポーションづくりは美と「健康」のために ― 52
「ゴールデン・プロポーション」を知れば、スタイルが変わる ― 56
ダイエットからプロポーションづくりに変えていきましょう ― 59
お顔にも、ゴールデン・プロポーションがある ― 67
95万人※のデータを集めて導き出した、ゴールデン・プロポーションとPI ― 76

※2022年12月末現在（当社調べ）

美しいプロポーションの育て方

81

プロポーションづくりに欠かせない、サイズ計測の重要性 82
サイズ計測は、習慣化を心がけて 85
重力に負けない美しいバストをつくるために必要なこと 89
ワンポイントトレッスン～バスト編～ 100
● 肩甲骨ストレッチ 101
● 大胸筋を鍛えるストレッチ 102
全体の印象が変わる！
くびれウエストをつくるために必要なこと 103
ワンポイントトレッスン～ウエスト編～ 108
● くびれウエストストストレッチ 109

● ぽっこりお腹エクササイズ 110
ハリのあるヒップラインをつくるために必要なこと 111
すらりと伸びた太ももになるために必要なこと 117
● 太もも上げエクササイズ 119
「フットケア」が良いプロポーションをつくるカギ 120
ワンポイントレッスン～フット編～ 128
● アキレス腱のストレッチ 129

Chapter 4

なぜプロポーションが変わってしまうのか

131

【食事編】 136
・体重を早く落としたいから、お豆腐だけを食べちゃう 136
・コンビニでの買い物はプロポーションづくりの敵！ 141
・糖質完全カットで体重がみるみる減る 143
・朝食抜きの1日2食が、健康的 146
・食べすぎてしまったら、翌日は1日断食すればいい 150
・カロリー制限ダイエットは効果がない 152
【運動編】 156
・運動しないと痩せないから、毎日筋トレ！ 156

・筋トレを頑張れば、バストを大きくできる 159

【生活編】 162

・若くないと痩せないから、何をやっても意味がない 162
・絶対痩せる。絶対美しいボディを手に入れる。
そのためには何だってやってやる！ 165
・たった1カ月や2カ月では、結果は変わらない 169
・毎日湯船につからず、シャワーで済ませてしまう 172
・体を締め付けないというポイントで下着を選んでいる 173
・補整下着はキツくて苦しいからつけない 176
・こっそりプロポーションづくりをして、
見違えた自分を見せて驚かせたい 179

良い習慣を作るコツとは 182

プロポーションづくりのプロの現場から

〜95万人のデータからわかった良いプロポーションを維持するゴールデンルール〜

193

プロを頼ったプロポーションづくりとはどのようなものか —— 194

年齢に関係なく、皆が悩んでいるからどんな人にも対応できる —— 196

「あなたもキレイになれる」ことを

95万人のデータが証明している —— 202

客観的データと主観的インプレッションがすべてを決める —— 205

プロの力を借りるメリットとは —— 209

女性たちの「サードプレイス」として —— 213

キレイになるのに、「1人」で頑張りすぎる必要はまったくない —— 219

美のプロフェッショナル「マスター・オブ・ビューティ」とは―― 222
おわりに―― 225

デザイン：Isshiki
イラスト：amasawa mai
編集協力：小澤サチエ
本文DTP：株式会社三協美術

Chapter 1

美を追い求めた
5人の女性のケース

ケース１

「食べなければ痩せるダイエットが私には合ってる」（20代・Tさん）

最初にご紹介するのは、20代後半のTさんです。

彼女がサロンに来たきっかけは、お母様の強い勧めでした。そこで、体重を測ってみると、155㎝の身長に対し、体重は80キロあったのです。

そこでお母様とTさんに詳しくお話を聞いてみると、太り始めたのは中学3年生の頃だといいます。部活動でバレーボールをしていた時にはそこまで太っていなかったものの、受験に伴い部活引退後、食欲が減らずに食べる量はそのままだったといいます。お母様も受験期ということもあり、そこまで注意することもなく高校へと進学。

そこでTさんはまた高校でバレーボール部に所属し、すんなりと体重は落ちていったといいます。

しかし、またしても高校3年生のときに部活を引退したのち、食べる量が減らずに体重が増えていったといいます。

大学生になってからは運動部に所属しなかったことで、体重は70キロ代をキープ。ここでTさんは周りの友人や雑誌などから自己流でダイエットに取り組むようになりました。

食事制限をしたことで、体重は減少。しかし、常にお腹が空いているような状態になってしまいました。

1カ月もすると、空腹に耐えかねて暴飲暴食に走り、体重がもとに戻ってしまいリバウンドするようになったのです。

それでもTさんは、運動部出身で「あきらめない」という心も持ち合わせていたのでしょう。

体重が増えるたびまた自己流のダイエットを続けていきました。大学卒業時にはなんとか60キロ台まで体重を落としたといいます。

しかし、それができたのも大学生のときまで。

就職し、仕事が忙しくなったことで、食事制限をする余裕がなくなってしまったのです。それどころか、ストレスから食べる量は多くなっていきました。「これじゃいけない」と1週間食事制限をしても、以前より減量できないことに気づいたのです。

さて、Tさんのどこに問題があったのかみなさんはわかりますか？

ケース2

「顔のコンプレックスが許せなくて、整形を繰り返しています」（30代・Kさん）

つぎにご紹介するのは、接客業をしているというKさんです。Kさんがサロンに来られたのは友人のご紹介でした。

体重計測をしてみると、１６０㎝で55キロという普通体重のKさん。明るい性格でご自身のことをなんでも話してくれるような方でした。

サロンに興味を持ったのは、友人の影響が大きかったとのことで、Kさんご自身に「プロポーションを良くしたい」という気持ちはそこまでありませんでした。

そんなKさんのお悩みを聞いてみると「自分の顔が嫌いなんです」というではありませんか。そうなんですね、と相槌をうつとこれまでに、二重の整形や鼻など、数か所を整形してきたといいます。

また、それだけではなく、しみやしわ、たるみをひとつでも見つけるとすぐに美容皮膚科に行き、対応しているのだといいます。

「自分の顔を少しでも変えるために、今は整形費用も貯めています」というKさんは、どこか追い詰められたような印象も受けました。

さらにお話を伺ってみると、常に雑誌やSNSなどに出てくるモデルさんの美容グッズをチェックし、自分も同じようにケアをしているのだといいます。

「かわいい子の投稿はとっても参考になります！」とおっしゃっていました。

もちろん、Kさんご自身が満足されるのが一番です。また現在は整形もカジュアルに受けられるようになっていますから、自分のコンプレックスをなくすための一つの選択肢にはなりうるのでしょう。

しかしその一方で「美人」というその単語は顔の美しさだけではないはずです。
みなさんはどう感じますか？

ケース３

「友人のアドバイスを参考にして、ダイエットしています」（40代・Mさん）

つぎに登場するのは、明るい笑顔が印象的なMさんです。彼女は、ママ友をきっかけにサロンにいらした方でした。

体重を計測してみると、身長１６５㎝に対し、体重は60キロ、がっちりめな体型をされていたのです。

「私、万年ダイエッターなの～」と明るく話すMさん。

聞くとこれまでありとあらゆるダイエット法を試してきたといいます。

単品だけを食べるダイエット、置き換えダイエット、レコーディングダイエット、炭水化物抜きダイエットなどなど、友人が試して成功したものを自分も体験してきたそうです。次々にダイエット法が出てくるのでカウンセラー自身も驚いたのだとか。


その中で数キロ体重が減ったものもあったといいますが、そのほとんどがダイエットに成功することなく、失敗してきたといいます。

「私は飽きっぽいから、なかなか続かないんですよね」

「ダイエットに失敗すると、また友人にアドバイスをもらって新しいダイエットに取り組むんです」

この20年間そんな生活を繰り返していたといいます。

そのため、今回ママ友の紹介で来たダイアナサロンも、家族からは「ママ、どうせダイエットは続かないでしょ」と言われているのだそう。

万年ダイエッターとして日々ダイエットに取り組むMさん。そこで私どもはこう聞いてみました。

「いつも何キロの減量を目指して頑張られていたんですか？」するとMさんは
「うーん、その時によって変わるんです。友達が5キロ痩せたよ～といえば自分も5キロ痩せたいと思うし、10キロ痩せたよ～といえば私もそうしたい！と思うし……」となんともアバウトな回答が返ってきました。

痩せたい気持ちはある。それなのに、その気持ちが「継続」できない。Mさんのダイエット法、どこに問題があるとみなさんは思いますか？

ケース4

「どうせもう年だから……理想体型なんて無理ですよね？」（70代・Aさん）

Aさんが来られた最初のきっかけは、同居のご家族からのご紹介でした。娘さんもお孫さんもダイアナの補整下着を愛用してくださっていて、ものすごくキレイになったから「おばあちゃんもやってみなよ」と言われたというのです。

娘さんとお孫さんと一緒に来られたAさん。「体のサイズを測ってみましょう！」とカウンセラーがいっても「やっぱりいいわよ、私は年だから……」とはじめは引っ込み思案気味だったといいます。

このままAさんが帰られてしまうと、きっと娘さんやお孫さんもがっかりされてしまう。大好きなお母さん、おばあちゃんにキレイになってほしいという気持ちもよくわかりました。

そこで私たちは、ある1枚の画像をお見せしました。

それは、サロンに通う80代の方のお写真です。腰も膝も曲がっていない、すらりとした体型にAさんが興味を示されたのがわかりました。

「Aさん、この方は70代からプロポーションづくりを始められて、今5年目になります」とカウンセラーが声をかけると

「えっ、70代から?もっと若い時から始められているのかと思った……」とAさんは驚きを口にされました。

「Aさん、そうなんです。みなさんそうおっしゃるんですよ」

「だけど、こうした体型になるのって、ほんのひと握りというか、やっぱり特別な方しかなれないんじゃないですか?やっぱり、食事制限とかも厳しいと思うし」

Aさんは写真を見ながら、そうおっしゃったのです。

「それに、キレイになったっていい年をしてみっともないというか、恥ずかしい

というか……そんな気持ちもあります」


そんな風に本音をポツリ、お話ししてくれたAさん。

さて、みなさんはAさんの様子を見てどう思いますか？

「30代後半から痩せにくくなるんだし、相当頑張らないとプロポーションをつくるのは無理なはず」

「やっぱり、限られた人しか痩せないし、キレイになれない」

みなさんも、Aさんのように思っていませんか？

ケース5

「とにかく10キロ痩せたいんです！」（50代・Iさん）

Iさんがサロンに訪れたきっかけは「家から近いところにあって、いつか行ってみたいと思っていた」ことでした。

車や徒歩でサロンの前を通り過ぎるたび、サロンのことを認識してはいたけれど、なかなか勇気が出ずに踏み出せずにいたといいます。

お話を聞いてみると、「とにかく10キロ痩せたいんです！」とおっしゃいます。なぜそう思われるんですか、と聞くと「とくに理由はないんですけど、ここ5年くらいで10キロくらい太ってしまったので、とにかく体重を5年前に戻したい」とおっしゃいます。

そこで体重を測ってみると、67キロという数字が出ました。なるほどたしかに10キロ痩せれば、ご自身が「理想」とする体重なのかもしれません。

もう少し詳しくお話を聞いてみると「10キロ痩せたい」と思って、ジム通いやヨガスクール、プールなど、運動重視のダイエット法を試したものの、どれも長続きせず挫折。

「運動は嫌いじゃないんですけど、やっぱり50代という年齢もあってハードな運動をしたほうがいいのかな？と思って、頑張ったんですけどね」と困った笑顔を見せました。

また、運動を続けたことで腰や膝、足首を傷めてしまったこともあるといいます。

「10キロ痩せるのには本当に大変ですよね……」

そういうIさん。

さて、みなさんは10キロ痩せるというIさんの行動、どう思いますか？

Chapter 2

脱・ダイエットマインドでプロポーションはつくられる

アンサー１

リバウンドばかりするダイエットは、本当のダイエットではない

「ダイエットが続かない」「リバウンドを繰り返していて、痩せているときと太っているときが交互にある」

このような経験をされた方もいらっしゃるかと思います。ではそもそもなぜ、リバウンドを繰り返してしまうのでしょうか。

リバウンド経験者の方にそう聞いてみると、多くの方が「自分が意志薄弱だから」「努力不足だったから」とお答えになります。それを聞くたび「なるほど、たしかにこれではリバウンドしてしまうのも無理もないかも……」と感じます。

なぜなら「自分を責めているダイエットをしている」うちは、リバウンドのサイクルから逃れられないからです。

そもそも本当に効果の出るダイエットには、こんな特徴があります。

・楽しくて、毎日でも続けたくなる
・日に日に体調がよくなってくるのを感じる
・見た目が少しずつスリムになってきて、ますますやる気が湧いてくる
・周りの人から「きれいになった？」と言われて、さらに頑張ってしまう
・お通じがよくなる
・ウエストや背中のお肉が引き締まることで、洋服のサイズの変化に気づく
・食べたいときには、好きなものを食べるのでストレスがたまらない

など、挙げればきりがないほどです。
つまり、「苦しくて大変なダイエット」ではなく「楽しくて自然とやりたくなるダイエット」が本来のダイエットのあるべき姿なのです。

リバウンドばかりするダイエットは、「またダイエットに失敗してしまった」

というネガティブな気持ちを誘発させるだけではなく、体にも負担をかけてしまいます。

リバウンドする大きな原因は、「極端な食事制限」にあります。糖質を極端に控える、1日の摂取カロリーを大きく減らすと、必然的に入ってくるエネルギーが制限されてしまいます。

しかし、当然ながら体は生命維持活動を行なければならないため、1日に必要なエネルギーを筋肉や脂肪から得ようとします。すると、結果的に全体の筋肉量も減ってしまうのです。

この筋肉量の減少はすなわち体の「基礎代謝を減らす」ことにもつながります。基礎代謝とは、私たちが生命維持活動をするのに必要最低限のエネルギーのことです。この基礎代謝が減った状態でリバウンドし、食物をどーんと食べてしまうとどうなると思いますか？

そうです、体の中で余分な糖や脂肪がつくられてしまい、結果「基礎代謝が低い痩せにくい体」になってしまうのです。

基礎代謝を上げることが、「痩せやすい体」をつくる最大のポイントですが、リバウンドを繰り返してしまうと、先ほど説明したように基礎代謝が低いため、体で糖や脂肪を分解にしにくい体になってしまいます。そうなると、「これまでと同じように食事制限しているのに、なぜか痩せにくくなった」「それならもっとカロリー制限しよう」という風になり、じつはどんどん痩せやすい体からは遠ざかってしまうのです。


私どもがお伝えしたいこと。

それは、「ダイエットは楽しんで行うこと、無理をしないこと」。

そして、「ご自身に必要な栄養をバランスよくとること」この2つです。痩せようと思って極端な食事制限をすることはNGです。ましてや、必要な栄養を摂らない場合、今度は健康を損なう恐れもあります。

「痩せたいなら、必要な栄養を知る。そして食べる」これが大前提です。

アンサー2

美人とは顔の美しさではない

雑誌やSNSで見かける、芸能人やインフルエンサーたち。可愛い、美しい彼女たちを見て、顔の美しさにコンプレックスを抱く方も多いと聞きます。現在は身近に顔の整った方が多いため、余計にご自身と比べてしまう、ということもあるのでしょう。

しかし、それはそれとして、みなさんにも少し考えてみてほしいのです。

「美人」とは果たして、「顔の美しさ」で決まるのでしょうか?

みなさんが思っている「美人だな」という方の特徴を思い浮かべてみてください。例えば、その方が持っている雰囲気や、立ち居振る舞い。

あるいは、おしゃれ度の高さや、スタイルの良さ。

また、余裕や品格といった部分から「美人」を感じることはありませんか？

実は、私たちは「美人の尺度」を人それぞれ持っているのです。さらに言えば、「可愛い」「キレイ」といった顔も好みはそれぞれ違いますよね。

たとえば、顔はいいけど、生活がだらしなく、言葉遣いも汚い人を皆さんはどう見るでしょう？

このように一概に「整った顔だから、美人だ」とは言い切れないのです。

あくまで顔は、美を作る1要素。それならば、まずは、他の要素から美を作り出してみましょう。

このとき初めに挑戦してもらいたいのが、やはり「プロポーション」です。ここでいう「プロポーション」とは、体のメリハリと、バランスを指します。

メリハリとは、序章でも紹介しましたが、より詳しく言うならば。

・バストやヒップにボリュームがあり、下垂していない
・ウエストがきゅっとくびれている

ということです。一方、バランスとは、
・体のパーツが正しい位置にあること
・体が黄金バランス（ゴールデン・プロポーション）を保っていること
を指します。

体がただ引き締まっている、あるいは痩せているだけでなく、女性らしいしなやかさも両立させたボディライン。これこそがまさに「メリハリとバランスが取れた理想のプロポーション」です。

この目指すべき理想体型「ゴールデン・プロポーション」では、それぞれの方の「体型を活かす」その人らしい「美」をつくることができます。
身長や体重に限らず、手足の長さや骨格は、人それぞれ違いますが、必ず魅力ポイントを持っています。
まずそこをご自身で理解し、そのうえで理想体型に必要なプロポーションをつくっていけばいいのです。例えば、ある方は「私は寸胴でくびれがなくて……」

と悩まれ、一生懸命ウエストをしぼるために努力を続けていらっしゃいました。
しかし、理想体型の数値に照らしてみると、実はウエストの数値は理想体型に当てはまっていて、バストが足りなかった、ということがわかったのです。
そこでその方は、バストアップのために食事や生活習慣をチェンジ。2カ月後、キレイなバストができあがり、あれほど悩まれていた「くびれ」も出現し、とても驚かれていました。

多くの方が「スタイルが悪い」と思ってしまうと、そこからダイエットや減量に走ってしまいがちです。しかし、理想体型に照らしてみるとじつは足りないのは、バストやヒップであり、むしろバストアップやヒップアップが必要な場合が意外と多いのです。

その思い込みを外すには、なにより「理想体型」を知ることがとても大切です。この指標については、本章の後半で詳しくお伝えしたいと思います。

アンサー3

ダイエットの答えはキログラムではなくセンチメートルにある

突然ですが、みなさんはこれまでどんなダイエット法を試されてきましたか？試してない、という人はきっと少ないことと思います。それどころか、今まで試してきたダイエット法の数々が頭に浮かんだ人も多いのではないでしょうか？実際に世の中は数多くのダイエット法に溢れています。雑誌や書籍だけではなく「友人や知人から聞いたダイエット法」や「ＳＮＳで紹介されてきたダイエット法」など、メディアの変化により、もはやダイエット情報すら飽和状態とも言えます。

そこで、まずは、「ダイエット情報のダイエット」から始めてみましょう。

本書は美しいプロポーションを作る本であってダイエットの本ではありませんが、どうしてもプロポーションというとダイエットと結びつけてしまう方が多い

ので、ここで、ダイエット法について簡単に紹介します。

ダイエットというのは、多くの人のイメージとして体重を落とす、ということを目的としている人が多いことでしょう。

しかし、体重を落とすなら、話は簡単です。

摂取エネルギーより活動エネルギーが多ければ体重は勝手に減ります。

低糖質ダイエットや有酸素運動やプチ断食、ファスティングと呼ばれるものなど、数多くのダイエット法が現れては消えているので、ダイエットの本質が見失われてしまいがちですが、結局は、摂取エネルギー＜活動エネルギーにすればいいだけなのです。

しかし、体重を落とすということだけに目が行ってしまうと、無理に摂取エネルギーを落として、体調を崩してしまったり、脂肪ではなく筋肉を落としてしまって、リバウンドしやすい体を作ってしまったり、運動をしても体重が落ちなかったので諦めてしまう、など、あまり良い結果につながらないことのほうが多いのです。

実際に、冒頭の質問で、数多くのダイエットが浮かんだ人は、同時に数多くの失敗もしているので、ご賛同いただけると思います。

では、世にあふれるダイエットは試さなくていいのか？　と言われれば、そんなことはありません。「やりたい」と思ったら、どんどん取り入れていきましょう。

ただ、ダイエットの結果を「体重」に求めなければいいのです。

体重の代わりに何を結果にすればいいのかというと、それは、サイズです。キログラムではなくセンチメートルで結果を見るようにしましょう。

そのために必要なことは、何より「こまめな計測」です。正しいサイズ計測の方法については本章の後半で紹介しますが、できれば週に1回、それが難しければ2週間に1回でもいいので、ぜひ計測の習慣をつけるようにしてみてください。

こまめな計測を推奨するのには理由があります。

それは、女性が生理周期の影響を受け体にも変化があるからです。体重や体脂肪、筋肉量の増減や、骨盤も開閉します。

「体重計に乗ってみたらまったく体重は変わらないのに、今日はいつもよりスカートがきつい」

「体重は変わらないのにむくみがある」

こういった変化は、サイズをこまめに計測することによって、自分の体のサイクルをより感じることができます。

定期的でまめな計測を継続していくうちにだんだんと自分の体のことがわかっていくでしょう。

そうなれば、体重の増減で一喜一憂することも少なくなります。「私はこの時期は、むくみやすいけど、もう数日すると収まってくるはず」

このように自分の体のサイクルがわかれば、理想のプロポーションに近づくための適切な方法を選択することができ、結果的に、美しく健康的な体がつくられていくのです。

ダイエット法は、それこそ無限にありますが、自分の体を知った上で、ダイエット情報を見直してみると、自分に合った方法を見つけやすくなります。

アンサー4

プロポーションづくりは
美と「健康」のために

「プロポーションづくりのために食事バランスや運動習慣に気を付けていきましょう」というと「私には関係ない」とすぐに答えを出してしまう方がいらっしゃいます。特に年配の方に、このように思う人が多いのですが、これは、本当にもったいないことだと思います。

プロポーションというのは、もちろん、自分の美しさを最大限に引き出すものではありますが、プロポーションから醸し出される美しさというのは、見た目だけではなく、機能美、運動美の美しさも提供することができるのです。

機能美や運動美というのは、19ページでも紹介しましたが、内臓や骨格が正しい位置に置かれることで紡ぎ出されるもの。すなわち、プロポーションを整えることは、その人の健康状態を最良の形へと仕上げることができるのです。

そして、実際に「私には関係ない」と思っている人でも「健康のためにと置き換えて話をさせていただくと「たしかに自分にも必要かも」と姿勢を正して私たちの話を聞いてくださるようになります。

健康というと、体だけでなく心の健康についても気になる人がいることと思います。実際に、このケース（33ページ）を読み直していただけるとわかりますが、この方のご家族は、おばあちゃんが引っ込み思案であることを懸念して、サロンに誘っているように感じられます。

もしかしたら、家族の方は、自分がキレイになって活動的になったことをおばあちゃんにも当てはめているのかもしれません。

しかし、家族の方もキレイになったから。だけでなく、健康的になったからという理由も活動的な自分に変わった大きな要因となっているのです。

たとえば、プロポーションを整えて、骨格や内臓位置が正しい場所に置かれると、歩くという動作一つとっても、今までと変わってきます。

プロポーションが悪いと背筋も伸びておらず、脚の力だけで歩行を行うことになりますが、プロポーションを整え、背筋がシャンとした状態で歩くと、肩を引き、骨盤が回旋し、脚の力を使わずとも自然と脚が前に出るような形での歩行となるため、歩くために使うエネルギーを大幅に減らすことができるのです。

このように各運動に於いて体全体を使った動きができるようになると、少ない体力でもより多くの動きを行うことができるため、日々感じる疲労感も激減し、結果として多くの時間を活動に使える＝活動的な自分が生み出される。というわけです。


ですので、プロポーションづくりは、年配の方にこそ、多くのメリットを感じてもらえるのです。

もし、本書を読んでいる皆様の中に、最近、父母の元気がないと感じている方がいらっしゃいましたら、ぜひとも親子で、プロポーションづくりに励んでみてください。

大丈夫。筋肉は70歳、80歳、それどころか100歳を超えても身につけることができますので、安心してください。

家族全員がプロポーションづくりに取り組めば、きっと、家庭の雰囲気も自分が子供時代の頃のように柔らかで暖かい空気を取り戻すことができるようになると思います。

アンサー5

「ゴールデン・プロポーション」を知れば、スタイルが変わる

スタイルアップのために、多くの方がまず取り組むこと。それがダイエットだと思います。

「あと、5キロ痩せたい」

「40キロ台になりたい」など、それぞれが違った目標を持っていることでしょう。

しかし、ちょっと考えてみてください。

その指標は、どうやって算出したものですか？

それは大きく分けて次の3つに分けられると思います。

●自分の経験上、もっとも痩せていた時期

・人生で一番痩せていたとき

・若いときのベスト体重
・自分が一番美しく見えていたとき
●友人や身近な人がキレイになったとき
・友人から「マイナス●キロになった」ということを聞いたとき
・ダイエット成功者が周りにいるとき

●「なんとなく」痩せたいと思っているとき
・体型にいつも満足せず、目標が漠然としている
・「●キロくらい痩せれば、キレイになる」というイメージがある

もちろん、ほかにも肥満度を測る目安のＢＭＩを指標にしたり、あるいは好きなモデルやインフルエンサーさんへの憧れから理想体重を割り出す方もいらっしゃるでしょう。

しかし、私はこうした基準だけでは、理想体型になろうとするモチベーションを維持するのはなかなか難しいと思います。
大切になってくる指標が2つあります。
その1つがこれまで何度もお伝えしてきている「ゴールデン・プロポーション」。
そしてもう1つが「PI」です。

ではまず、ゴールデン・プロポーションから解説していきます。

ダイエットからプロポーションづくりに変えていきましょう

これまでに5つのダイエットに関する悩みとその認識の間違いや目指すべき状態について答えてきましたが、一言で言ってしまえば、ダイエットをする気持ちはプロポーションづくりに向けていただいた方が、美と健康の両方を手に入れることができる、ということです。

そして、プロポーションづくりのために、大切なことがアンサー5で答えたサイズ計測です。

とはいえ、ただ闇雲に自分のサイズを測るだけでは、意味がありません。

計測する前に、どうすれば自分にとっての理想のプロポーションになるのかの数値目標を定めていきましょう。

そのために必要なのがゴールデン・プロポーションとＰＩとなります。

■ゴールデン・プロポーションとは

ゴールデン・プロポーションとは、体の「黄金バランス」のことを指し年齢と身長ごとに異なる数値が設定されています。バランスの取れたプロポーションは、誰が見ても美しさを感じるもの。いわば美意識を感じる形といってもいいでしょう。理想的なゴールデン・プロポーションとは、いったいどんなものなのか、左の図を見てください。

横を向いた状態で体の中心に線を引き、バストのトップからヒップのトップまでななめに線を引きます。バストのトップとヒップのトップを頂点から、2つの二等辺三角形をつくります。この際に、「三角形の高さと底辺の長さが同じ」こと。そして「その交点」にウエストがあること。これがダイアナの提唱する理想体型、「ゴールデン・プロポーション」です。

理想的なプロポーション

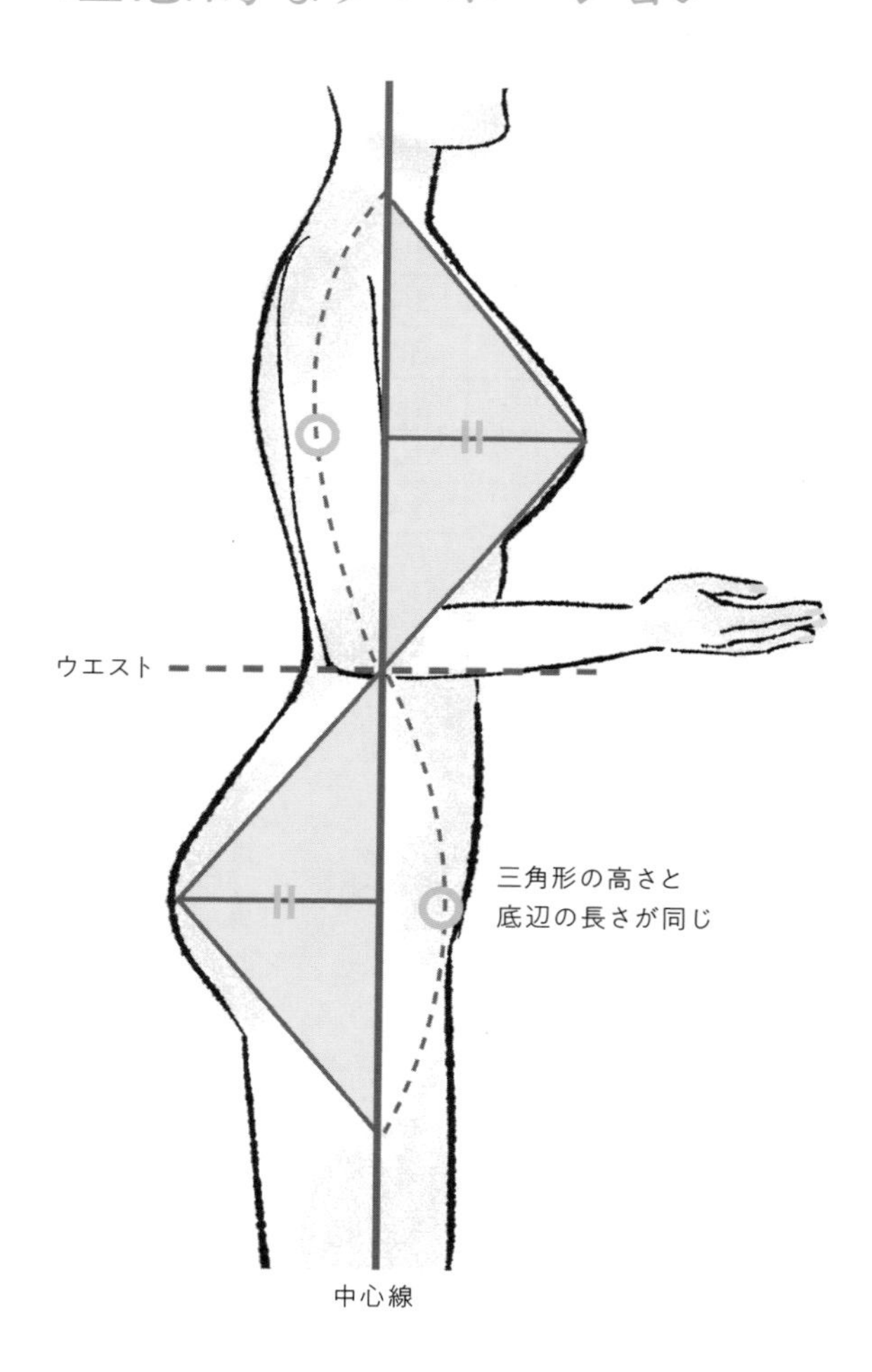

身長160cmゴールデン・プロポーション

性別	女性	女性	女性	女性	女性
年齢	20	30	40	50	60
体重	48.1	49.2	51.2	53.2	53.1
トップバスト	85.9	86.9	88.3	89.7	86.9
アンダーバスト	69.5	70.4	71.6	73	74.3
ウエスト	59	60.3	61.8	63.8	65.8
ミドルヒップ	78.4	80.2	82.3	84.4	87
ヒップ	85.7	86.7	88	89.9	91.5
太もも	48.9	48.6	48.7	48.9	47.9
ふくらはぎ	33.2	32.7	33	32.6	32.2
アーム	23.8	24.1	24.8	25.4	25.7

※一般社団法人日本プロポーション協会

ゴールデン・プロポーションには2つの要素があります。

1つは、バストやウエストが正しい位置にあることです。加齢や、ホルモンバランスの崩れ、さらには姿勢の悪さなどからバランスはすぐに悪くなってしまうのです。

もう1つが、バスト、ウエスト、ヒップなどの適正値を守ることです。この適正値のことをダイアナでは「ゴールデン・プロポーション（GP値）」と呼んでいます。これは約95万人のデータから、はじきだした理想値です。上の図を見てください。

１６０㎝の身長で20歳、30歳、40歳、50歳、60歳の理想サイズ（ＧＰ値）を算出してみました。

みなさんの計測サイズと比べてみてください。

ちなみに、各パーツのサイズはご自身で計測することが可能ですが、「位置」を把握するにはご家族に協力してもらうといいでしょう。

■ＰＩとは

ゴールデン・プロポーションが「黄金バランス」だとお伝えいたしました。サロンに来られるお客様もまずゴールデン・プロポーションを目指しています。それを達成した時点で、次に目指すのが「体のメリハリ」をつけることです。このメリハリ度合いをわかりやすくしたものをダイアナでは「プロポーションインデックス®（ＰＩ）」と呼んでいます。これは、１９９３年より県立広島女子大学（現県立広島大学）、愛媛大学医学部と共同で女性の体型に関する研究を進めた結果、女性のボディラインにメリハリがどの程度あるのかを一目でわかるように数値化したものです。

PIは、ウエスト、太もも、ヒップ、トップバスト、アンダーバストのサイズと身長から割り出すことができ、PIが低いほどメリハリのある美しいプロポーションということになります。

PIの計算式は、次ページの通りです。

なお、身長はセンチメートルではなくメートル換算ですので、身長160cmであれば1・6に置き換えてください。

この計算式にあてはめることにより、体重だけでは分からない「体のメリハリ度」が数値でわかります。

次の図は、その数値をビジュアル化し、5つの体型にわけたものです。

「チャレンジ体型」「普通体型」「メリハリシルバー」「メリハリゴールド」「メリハリプラチナ」最も良いメリハリが「メリハリプラチナ」になり、ここが最終的な目標地点になります。

$$\frac{\text{ウエスト}+(\text{太もも左}+\text{太もも右})-\text{ヒップ}-(\text{トップバスト}-\text{アンダーバスト})(\text{cm})}{\text{身長}(\text{m})}$$

このＰＩのメリットは、「体が変化していく過程が見えること」にあります。あくまでもこのＰＩは「ゴールデン・プロポーション」を達成した先のネクストゴールとしてとらえてください。

体のメリハリは、各パーツを正しい位置に戻し、適正な体重になったうえで、目指すべきもの。これからプロポーションづくりを始める方はまず、ゴールデン・プロポーションを基準に体型づくりに取り組んでほしいと思います。

※プロポーションインデックスは、株式会社ダイアナの登録商標です。

プロポーションインデックス®（PI）の分類と目安

保有する膨大な体型データをもとに定めた、ダイアナ独自の分類と目安です。

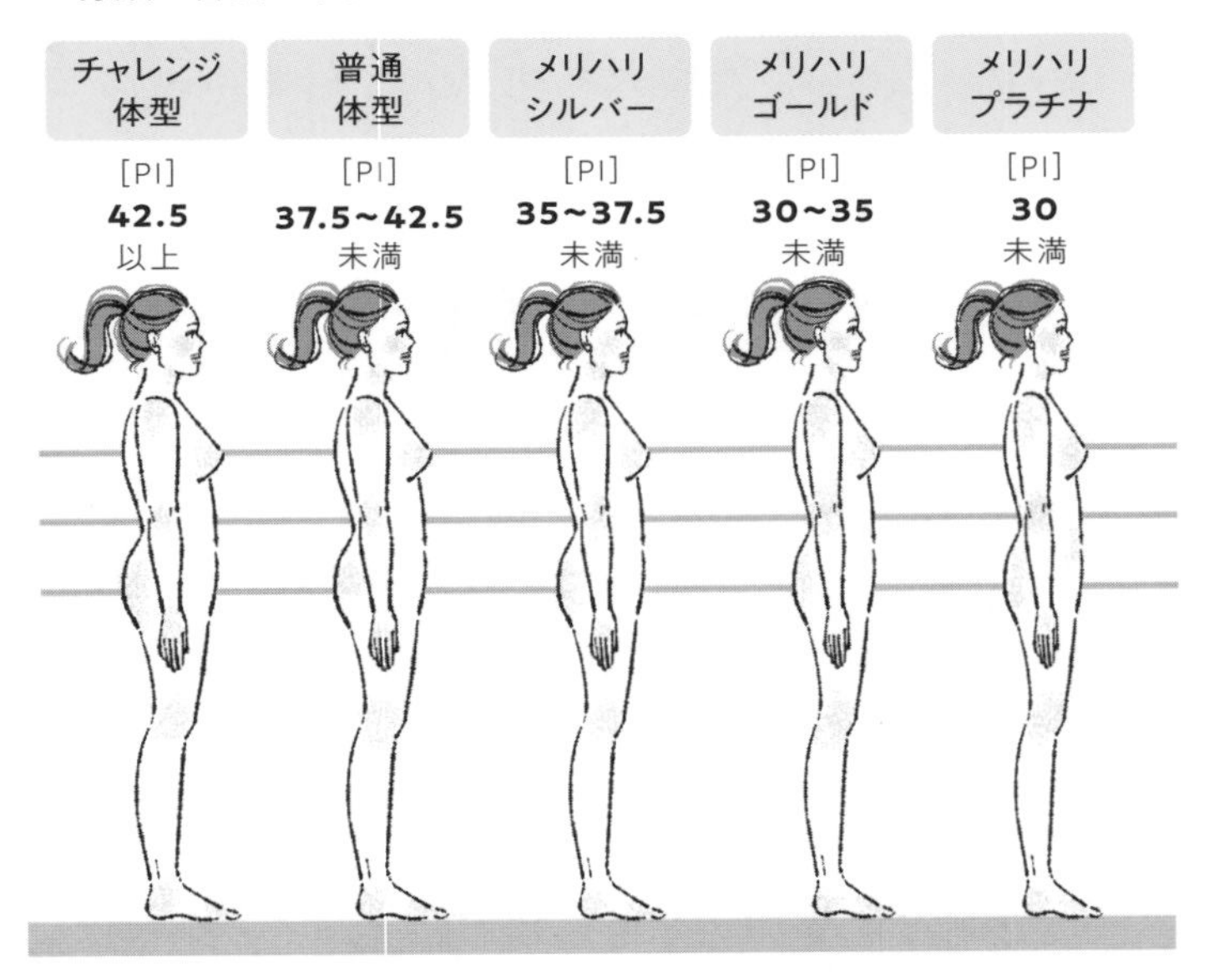

PIの測り方

$$\frac{\text{ウエスト+(太もも左+太もも右)−ヒップ−(トップバスト−アンダーバスト)(cm)}}{\text{身長(m)}}$$

お顔にも、ゴールデン・プロポーションがある

さて、ここまで体のゴールデン・プロポーションとＰＩについてお伝えしてまいりましたが、じつは「お顔」にもゴールデン・プロポーションが存在します。

「プロポーションは努力次第で変えられるけれど、顔の造作は生まれつきのものだから、整形でもしない限り変えられないのでは……？」と考える方もいらっしゃるかもしれません。

しかし、整形などをしなくても、あなたの現在のお顔を最大限まで引き立てる方法があります。それが、冒頭にも述べたお顔を「黄金バランス」に近づけることです。

私たちが提唱する黄金バランスとは、「誰が見ても美しい」と思えるお顔のバランスを比率にして表したもの。

縦の長さ（顎下から頭のてっぺん）と横の長さの比率が1：1・618であり、シルエットがキレイな卵型であること。ダイアナではこの黄金比を「ゴールデンシルエットバランス」と呼んでいます。

プロポーションのメリハリやバランスを整えて印象を変えられるのと同じように、お顔のバランスを意識すれば、見た目の印象が劇的に変わるのです。

■あなたのお顔を黄金比に近づける方法

では、どのようにして、「キレイな卵型のシルエット」であるゴールデンシルエットバランスに近づければいいのでしょうか。まず、その前にみなさんに覚えておいていただきたいことがあります。

私どもが「お顔」と表現するのは「ヘアスタイルまでを含めた部分」であると

いうことです。しばしば、「お顔を黄金バランスに近づける」というと、目や鼻や口といったパーツに意識が向きがちですが、そうではありません。

美しさは、「全体バランス」が整ってこそ際立つものです。そのため、ここでは「ヘアスタイル」からゴールデンシルエットバランスにアプローチしていきましょう。

■ヘアスタイルでシルエットを整える

まずはヘアスタイルから考えていきましょう。

誰もが若いうちは、卵型に近い頭の形をしています。人の顔は幼児期は丸型ですが、成年期になるにつれて卵型に変わっていき、20歳前後の頃には自然と1：1・618の卵型にもっとも近い状態ができあがっています。

ところが、20代の頃は理想の卵型シルエットだったものが、30代、40代と年齢を重ねるにつれて少しずつ変化していきます。

加齢によって顔のかたちは2つのタイプに分かれます。ふっくらと肉付きは良いけれどたるみやすい「ふっくら型」か、お顔はほっそりとスリムだけれど痩せて頬がこけやすい「ほっそり型」。このいずれかに属するようになるのです。

若い頃は似合っていたヘアスタイルが、いつのまにか似合わなくなった…ということが起こるのは、このためです。

顔の形が変わっていけば、当然似合うヘアスタイルも変化します。つまり、現在40歳なのに、20代の頃のままのヘアスタイルをいつまでも続けていると、ちぐはぐな印象を与えてしまうのです。

では年齢とともに、卵型からふっくら型やほっそり型に変わってしまった顔のかたちを、ふたたび黄金比に近づけるにはどうしたらよいのでしょう。このときに大きな役割を果たすのが、ヘアスタイルです。ヘアスタイルを、「顔の形に合った」ものに変え、顔とヘアスタイルを両方合わせてゴールデンシルエットバラ

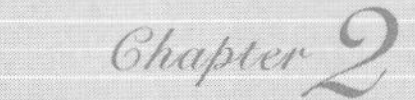

加齢で顔型は変わっていく

子供の頃の丸顔は成人になるとたまご型になる。
さらに年を重ねると大きく二つのタイプに分かれる。

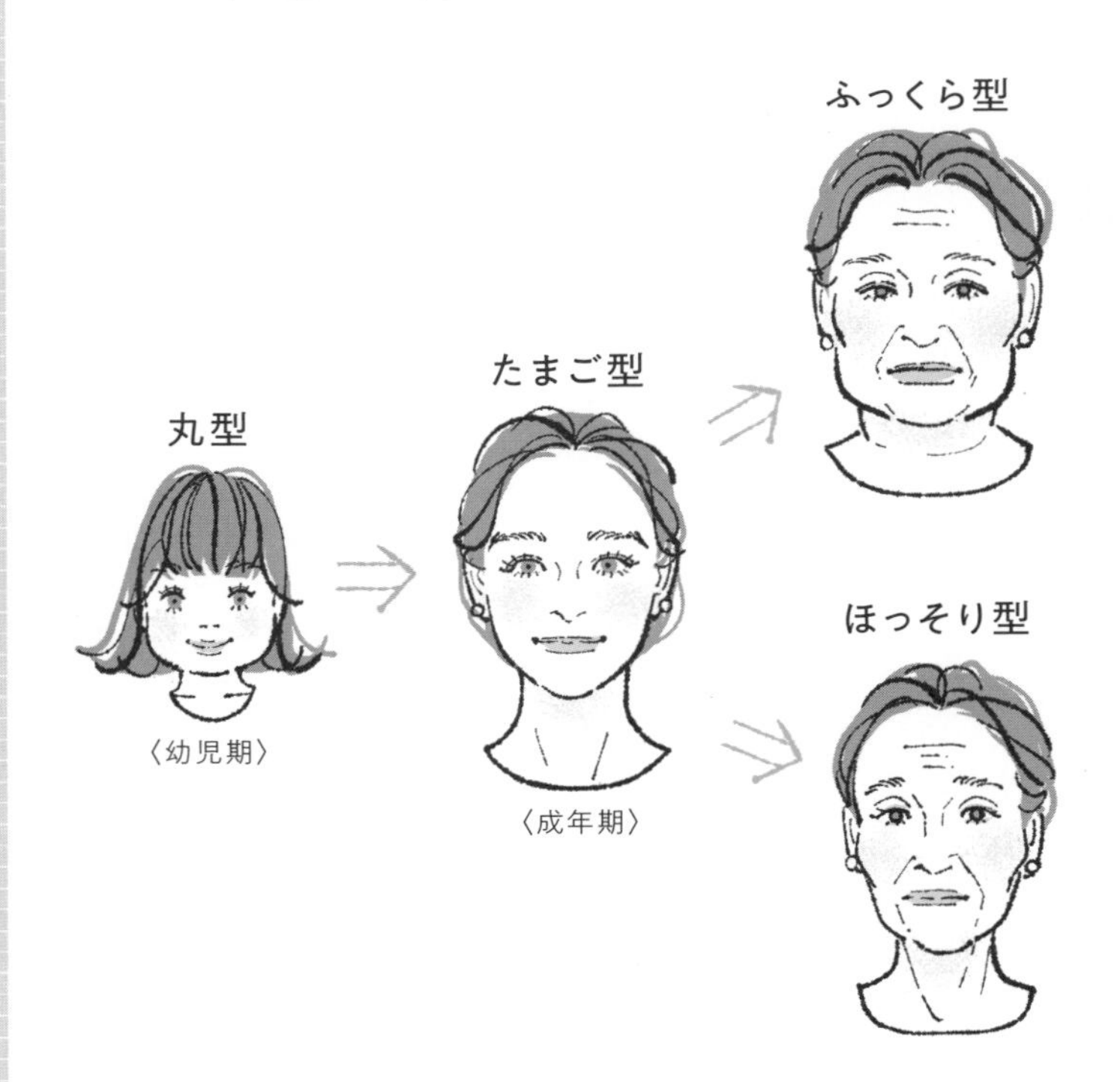

若い頃のままのヘアスタイルがなんとなく似合わなくなるのは、
このように顔が変化してきているから。

ンスとなるよう調整していけばよいのです。

お顔を卵型に見せるためには、「顔とヘアスタイルで縦横のバランスを1：1・618のひし形にすること」を意識するのがベストです。

また、トップ部分にもボリュームを持たせ、分け目が盛り上がるよう意識するとより美しい卵型のシルエットが完成します。

加齢とともに髪はコシやボリュームを失っていき、根元がぺたんと潰れやすくなりますが、後頭部をふんわりさせることは、見た目年齢が若くなる上、知的さや品の良さが生まれます。

■髪のボリュームアップにひと工夫

顔とヘアスタイルを合わせて1：1・618のひし形を作るためには、髪のボリュームが不可欠です。

・根元を立ち上げるようにブローする

大人髪のルールとは?

大人髪のルールは、顔とヘアスタイルで
『縦横のバランスを1：1.618』のひし形にしていく

ほっそり型

ふっくら型

ほっそり型
○トップにボリュームを出してひし形に
○ふわっと華やかに見せるように

ふっくら型
○トップにボリュームを出してひし形に
○すっきり軽快に見せる

・ヘアアイロンやカーラーで後頭部にボリュームを出す
・パーマをかけて髪全体に動きやボリュームを与える
・ヘアアレンジでトップ部分を盛る
・部分ウイッグを使う

これらの方法によって、髪全体、あるいは後頭部にボリュームを持たせ、シルエットを自由自在に調整できるようにしましょう。

部分ウイッグについては馴染みのない方が多いようですが、世代に関係なく積極的にウイッグを着用することをおすすめしています。

ウイッグというと、薄毛を隠すためという認識が一般化しており、ネガティブなイメージを抱く方もいらっしゃいますが、現在では決してそんなことはありません。

20代や30代のお客様であってもウイッグを活用して、イメージチェンジを楽しんでいらっしゃいます。

部分ウイッグを使うと、後頭部を盛って髪全体にボリュームを出すことが簡単にできるため、1：1・618のゴールデンシルエットバランスを作ることが誰でも可能となるのです。

「髪は顔の額縁である」という言葉をよく耳にします。額縁が絵の印象を左右するように、ヘアスタイルひとつでお顔の印象が大きく変わるということでしょう。しかしこの言葉からは、髪はあくまで顔を引き立てる付属的なパーツであるという印象を受けます。

そうではなく、私はむしろ「髪がすべてを決める」ということを、みなさんにもっと知っていただきたいと思っています。

95万人のデータを集めて導き出した、ゴールデン・プロポーションとPI

2章では、1章のお悩みにこたえる形で、プロポーションづくりに大切なことや、ゴールデン・プロポーション、PIについてお伝えしてまいりました。とくにこの2つの指標は、ダイアナが37年間にわたって日本人女性のプロポーションづくりをサポートし続け、蓄積されたデータによって導き出された、ひとつの確かな答えと言っていいでしょう。

そもそもなぜ、ダイアナがこの体型データを集めようと思ったのか。

それは「ダイアナで行ったメソッドがお客様の体に変化を与えるのか」「どんな変化があるのか」を追いかけてみていくことで、有用性を高めたいという理由があったからです。

「他人のダイエット法が自分に当てはまるとは限らない」ということをお伝えしましたが、「全体の●%の方に効果があった」ということがわかれば、その方法で行えば、「より高い効果が出る可能性がある」ということになります。そういう意味で多くの方のデータを集めることに一定の意味があると考えました。

実際、全国のダイアナサロンにご来店いただいたお客様のサイズを採寸し、毎週のように経過を確認・計測・結果を入力して変化を見ていくと、加速度的にプロポーションが変化していくことがわかりました。

どの商品を、どのくらいの量で、どれだけの期間、どのように使用したら、体のどの部位にどんな変化があったのか。

ミリ単位での体型変化も逃さずにデータを蓄積していったことで、多くの方たちに効果がある方法をデータ上からはじき出すことができ、その結果、理想の体型になるために必要な栄養素、生活習慣などもつかむことができたのです。

少し余談ですが、37年間体型のデータをとり続けたことで思わぬことも判明し

ました。それが、

「日本人女性の体型は少しずつ変化している」ということです。

昭和時代では日本人の身長は低く、ずんぐりむっくりな印象がありますが、令和の今、ウエストの位置が上がって腰高になり、サイズも細くなり、アンダーバストが減っている傾向などが見られます。現在は昭和時代に比べて栄養も豊富に摂れるようになりました。

また、多くの方が自分の「美」に対して意識を持つようになった結果がデータに現れている、ということもあるでしょう。

つまり皆さんがどんどんキレイになり、理想値のレベルが少しずつ上昇しているということです。そのため、ダイアナでは定期的に見直しをかけ、理想の体型の数値をアップデートしています。


私たち、またカウンセラーが常にお客様にお伝えしていることがあります。それが、「自分自身の体型を数字で知ってください」ということです。

もちろん、身長や体重、体脂肪などは多くの方が測って知っていると思います。

その一歩先、バストやウエスト、太ももサイズ等に至るまで、知っておいてほしい、ということなのです。それはなぜか。なにより「モチベーションを維持する」ためです。

ダイエット等を行って、見た目に変化があらわれるまでには実は「時間差」が生じます。結果がすぐ見えないため「これをやっていて意味があるのかどうか」「変わってないから、やる気が出ない」ということがあります。

しかし、サイズ計測を習慣化すれば、体の小さな変化にも気づくことができます。もちろん、最初のうちは数ミリ単位の変化なので「これは誤差かな？」と思うこともあるでしょう。しかし、1週間、2週間、1カ月2カ月と経過していくと、それが数センチになり、見た目の変化にも表れるようになります。

この「変化に気づく」ことがプロポーション維持にはもっとも必要不可欠なものです。そこで3章では、体のサイズ計測の大切さと共に、正しいサイズ計測についてお話ししていきます。

Chapter 3

美しいプロポーションの育て方

プロポーションづくりに欠かせない、サイズ計測の重要性

ここまで読んでいただいて、現在のご自身のプロポーションが、ゴールデン・プロポーションとどのくらい離れているのか、気になっている方も多いのではないでしょうか。

2章の最後で「サイズ計測は、ダイエットや減量のモチベーションになる」とお伝えしましたが、じつはサイズ計測の大切さは、それだけにとどまりません。大きなメリットが2つあります。1つが「健康状態を知ることができる」ということです。

わかりやすい例が、「メタボ健診」でしょう。内臓脂肪がついていないかを計

測するこのメタボ健診ですが、一般的に腹囲が男性で85cm、女性で90cm以上ある場合危険信号だといわれています。

これは少し極端な例ですが、サイズ計測をし続けることで、例えば1カ月前や3カ月前からどう体が変化しているか。あるいは、1年前と比べたときに、サイズと自身の体調はどうかなど、自分を知る手掛かりが増えることにもなります。

そしてもう1つが、「ゴールデン・プロポーションサイズとの比較ができ、どこのパーツをどのくらい変えれば理想のスタイルに近づけるのか、具体的な目標が立てられる」ということです。

私は、常々体重や体脂肪よりもむしろ「サイズダウン・サイズアップ」に意識を持つことが大切だと考えています。

もちろん、体重や体脂肪を落としただけでも、シルエットは変わりますが、それは必ずしも「良いプロポーション」とは限りません。

例えばダイエットの結果、ウエストばかりが細くなってしまえば、それは「良いプロポーション」とはいえないからです。

計測していただきたいパーツは、トップバスト、アンダーバスト、ウエスト、ヒップ、太ももの5箇所です。より細かく全身のサイズを把握してゴールデン・プロポーションと比較したいという場合は、ミドルヒップもチェックすることをお勧めしています。なお、各パーツのサイズ計測は、後半で詳しくご紹介します。

サイズ計測は、習慣化を心がけて

皆さんは、これまでにご自身のサイズ計測をした経験はありますか？
百貨店のランジェリー売り場などで下着を購入する際に、バストやアンダーバストのサイズを測ってもらった経験がある女性は多いかもしれません。

しかし、習慣的にサイズチェックをしている方は少数派だと聞きます。日頃から美容やダイエットに対して非常に感度が高い女性でさえも、体重計には毎日乗っているのに、サイズ計測はむしろ1回もしたことがない……そういう方は意外と多いものです。

これからサイズ計測をしようと思っているみなさんに、覚えておいていただきたいことが2つあります。

1つはできるかぎり決まった時間帯に行うようにすること。朝なら朝、夜なら夜と決めてしまいましょう。朝はむくみやすい場合もあります。正確にサイズを比較するためには、同じ時間帯で定期的なサイズチェックをするのが望ましいです。

例えば、日頃から体重計に乗るのがすでに習慣づいているという人は、お風呂に入る前やお風呂上がりなど、体重を計るついでにサイズ計測をする、というルールを決めてしまうのも良いかもしれませんね。「何かのついで」にしてサイズ計測をすると、そこまでストレスを感じないはずです。

そしてもうひとつは週2～3回のサイズチェックを最低2カ月間続けてみることです。

大切なのは「この日に計測する」と決めて継続することです。

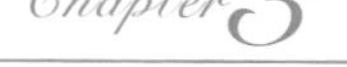

人が何かを始めて、それが習慣となるまでにかかる日数には諸説ありますが、ロンドン大学の研究結果では、習慣化のためには平均66日を要することが証明されています。

ダイアナでプロポーションづくりに取り組むお客様の場合も、例外ではありません。ボディチェックにせよ食生活の改善にせよ、2カ月以上継続した時点で確実に習慣となり、同時に結果が現れ始める、という報告があります。

体は正直なもので、アクションを起こせば必ず変化は生まれます。そんな満足感を得るためにも、サイズ計測はぜひ習慣化するよう意識してみてください。

少し余談になりますが、ダイアナのカウンセラーたちに話を聞くと、お客様の中にはサイズ計測に対して最初は抵抗を持つ方も多いと聞きます。

カウンセラーの前で服を脱いで全身のサイズをチェックされることは、「全てをさらけ出すかのようで恥ずかしい」と皆さんおっしゃるそうです。

たしかに、ご自宅でも体重計に乗ることすら怖かったり、服を脱いで鏡の前に立つのも嫌だという方もいらっしゃるかもしれません。

自分の体と向き合うのは、とても勇気がいること。だからこそ、サイズ計測ができたとき、ぜひ自分を思いきり褒めるようにしてみてください。ときには手帳などにサイズ計測できた！などのしるしをつけてもいいでしょう。

自分自身の自己肯定感を高めていくことも、サイズ計測には不可欠な要素と言っていいと思います。

では、次からはバスト・ウエスト・ヒップ・太ももの計測とともにストレッチについてもご紹介していきたいと思います。

重力に負けない美しいバストをつくるために必要なこと

「最近、以前に比べてバストが下がった気がする」

「左右のバランスが悪くなってきてしまった」

バストは女性らしい曲線を描くための重要なパーツです。

そのバストを支える役割を担っているのがクーパー靭帯です。バストに必要以上の負荷がかかり、クーパー靭帯が損傷してしまうと、バストは下垂していくそうです。


このクーパー靭帯が損傷してしまう原因には次のような要因が想定されます。

・ブラジャーをきちんとつけていない

・サイズが違うなど、正しい下着選びができていない
・猫背や巻き肩により、バストを支える筋肉が衰えている
・年齢とともにバストの組織が衰えたり、筋力が弱くなる

バストが垂れるのは加齢によるものだとばかり思われがちですが、じつはそうではないようです。一旦下垂したり、左右に広がってしまったバストが自発的に元の状態に戻ることはありません。そのため、日頃からきちんとブラジャーで支えてあげる必要があります。

・バストの正しい計測方法

ここからは、一般社団法人日本プロポーション協会で提供された資料を基に、
バストの計測方法からお伝えしていきたいと思います。
バストは、「正しい位置で測ること」がポイントです。
次の図を見てください。
まずトップバストを計測していきます。

上半身を90度に倒していただき、ブラジャーにバストを入れこむようにします。
そのまま起き上がり、その状態でトップバストを測ります。

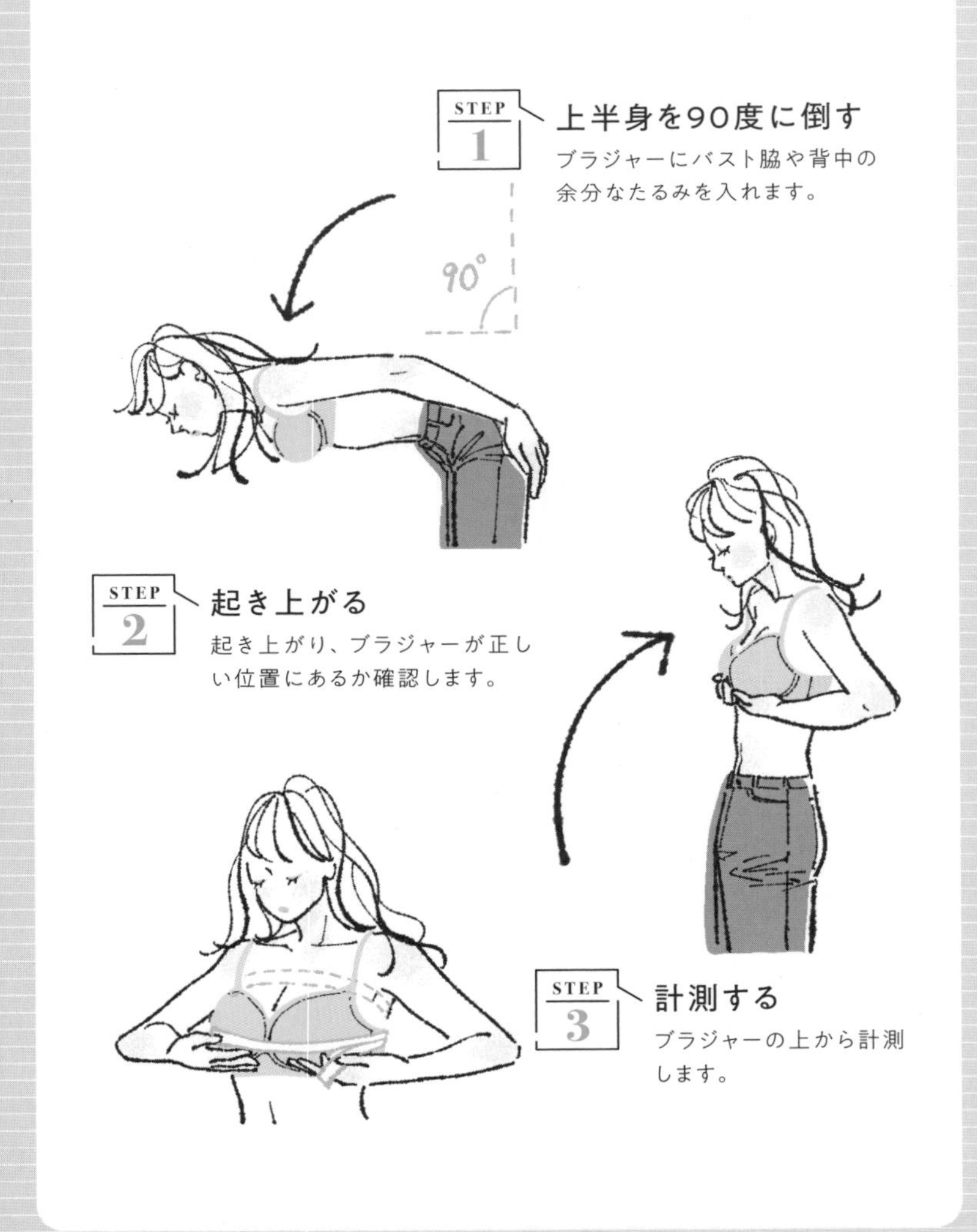
STEP 1
上半身を90度に倒す
ブラジャーにバスト脇や背中の
余分なたるみを入れます。
90°
STEP 2
起き上がる
起き上がり、ブラジャーが正し
い位置にあるか確認します。
STEP 3
計測する
ブラジャーの上から計測
します。

つぎにアンダーバストです。

こちらも、正しい測り方をしないと、下がったバストの影響を受け、本来のアンダーバストより大きい数字が出てしまうことがあります。

鏡の前でまっすぐ前を向き、バストのふくらみのすぐ下にメジャーを当てます。床と平行になるようにメジャーを当てると正しく測れます。

ここでは、ブラジャーを付けたままの計測方法をご紹介いたしましたが、本来サロンではブラジャーを付けずにヌードの状態でカウンセラーが計測します。より正確なバストサイズを知りたい場合は、サロンでの計測がおすすめです。

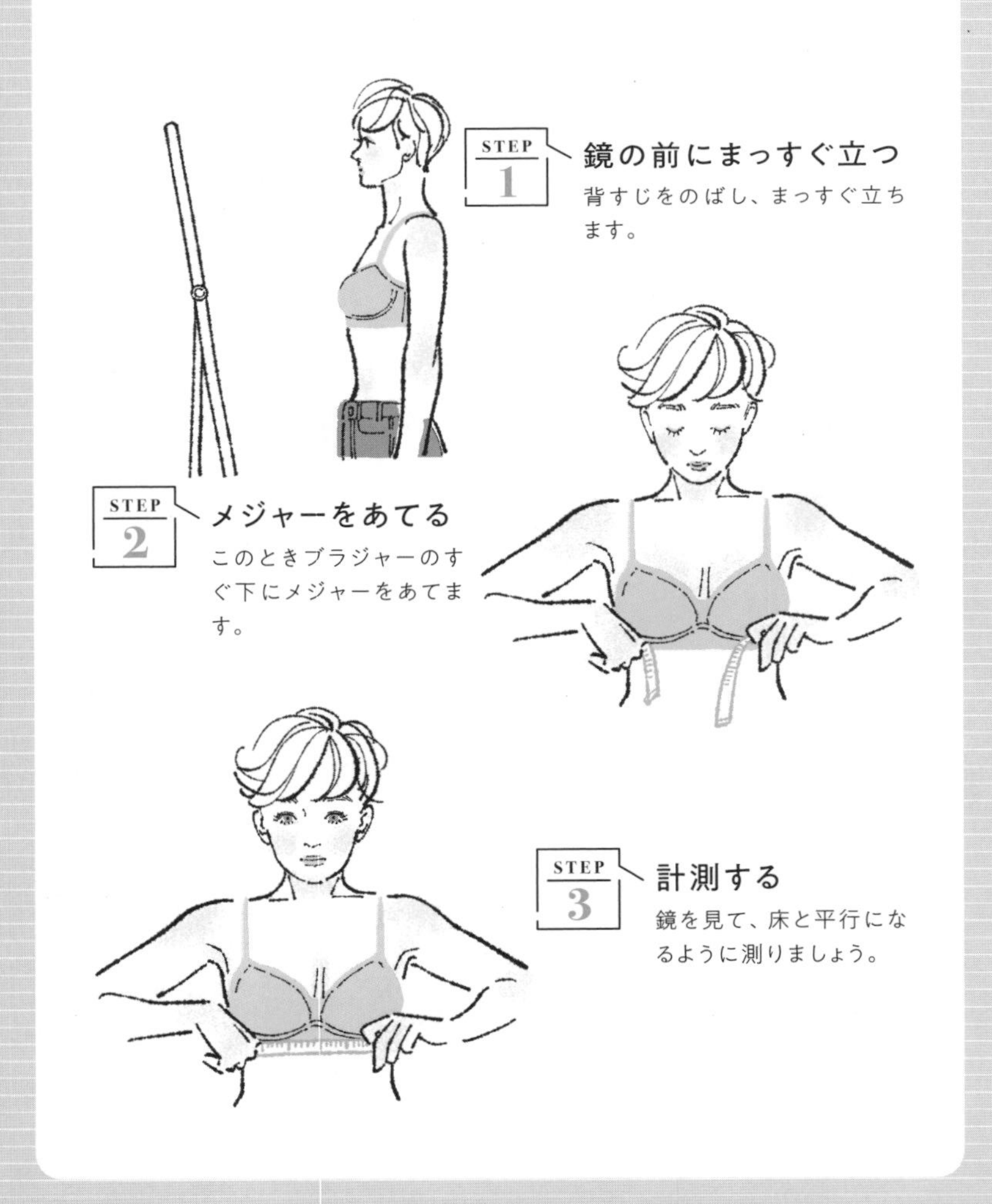
STEP 1
鏡の前にまっすぐ立つ
背すじをのばし、まっすぐ立ちます。
STEP 2
メジャーをあてる
このときブラジャーのすぐ下にメジャーをあてます。
STEP 3
計測する
鏡を見て、床と平行になるように測りましょう。

・ブラジャーの正しいつけ方

バストが正しく測れたら、ブラジャーの正しい着用法も知っておきましょう。

カウンセラー曰く、

「ブラジャーを正しくつけられている人は少ない」といいます。実際に、「フィッティングを手伝ってもらったら、ブラジャーのカップが1サイズまたは2サイズも上がって感動した」といった話や「鏡の中の自分の胸がいつもよりキレイに見えた」といった報告も多いようです。

それもこれも、カウンセラーは何か特別なテクニックを駆使しているわけではありません。単に正しいブラジャーのつけ方を知っているだけなのです。


ブラジャーを正しく着用するためのポイントは次の3つです。


上半身を前に倒してからつけること。アンダーバストをしっかり固定すること。

そして脇やアンダーバストの余分なたるみをカップの中に集めるようにしてつけ

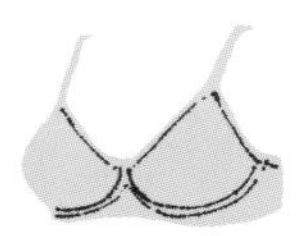

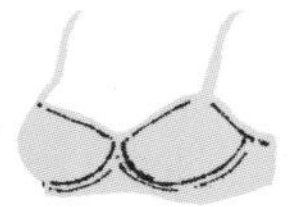

STEP 1

上体を90度に曲げ、バストをすくい上げるようにし、アンダーバストの位置を決めてホックを留め（またはホックを前で留めてから後ろに回し）、ストラップを肩にかけます。

上体を起こし、中央の位置とワイヤーの位置が正しいかを確認してから、ほど良くストラップを調節します。

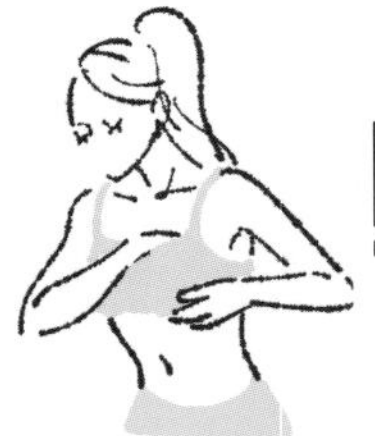

STEP 3

上体を曲げ、脇・アンダーバストの余分なたるみをしっかり入れ込んでから、上体を起こし、バストの入れ返しを行い、整えます。

ることです。

最初は難しく感じるかもしれませんが、毎日繰り返し続けていると、フィッティングルームでカウンセラーがつけてくれたときと同じように、自分でも驚くほどキレイに着用できるようになります。脇や背中、アンダーの余分なたるみもしっかりと入れ込むことで、バストにボリュームが出るだけでなく、脇下や背中もすっきりと見え、上半身全体が美しく見えるでしょう。

・正しいブラジャーの選び方

さて、美しいバストをつくるためにもうひとつ、心がけていただきたいことがあります。それが、「正しいブラジャー選び」をすることです。

ブラジャー選びの際には、「サイズが合っていて、バストを押し潰さないこと」そして「アンダーバストをしっかりと支えてくれること」。この2つを意識してください。

サイズが小さすぎたり、カップが合っておらず胸を押しつぶしたりしてしまうと、押しつぶされた余分なたるみが脇に流れてしまい、キレイなバストはつくられません。押しつぶさずに、自然に包み込んでくれるものをチョイスしましょう。

また、アンダーのサイズがしっかり合っているかどうかもチェックしてください。アンダーが緩いほうが楽だからといって、大きすぎるものを選んではいないでしょうか。

ブラジャーは、重みのあるバストをストラップで吊って支えています。土台となるアンダーがしっかりしていないと、バストをきちんと支えることができないうえに、肩紐にばかり負荷がかかってしまいます。

ブラジャーがすぐに上にずり上がってしまう、肩紐が食い込んで跡ができたりアザができるという方は、アンダーバストのサイズが合っていないのかもしれません。

また、ブラジャーは着用や洗濯を重ねるにつれて消耗していきます。生地がよれてきたり、繊維の目が粗くなってきたり、ストラップが伸びてしまったと感じたら、替え時だと考えてください。

ブラジャーも劣化すると生地が伸び、気付かないうちにワンサイズ以上大きくなっていることもあるものです。だからこそ、定期的なサイズ計測が求められるのです。

バストのためには、正しいサイズのブラジャーをつけることが何よりも大事です。まずは自分のサイズをきちんと把握するよう心がけてみてください。

ワンポイントレッスン
〜バスト編〜

ゴールデン・プロポーションと比較した結果、「バストアップしたい！」と考える方もいらっしゃるでしょう。

その一方で、「ブラジャーのホックを背中で止めるのが辛いので、前で止めてから回している」という方もいらっしゃいます。

いずれにしても、良い形のバストを保つためには、日々のストレッチがとても重要です。１日１回肩甲骨を動かすとよいでしょう。

大胸筋を鍛えることで、胸の下垂を防ぎ、ハリのあるバストラインをつくることができます。毎日少しずつ大胸筋を鍛えて、バストアップを目指しましょう。

肩甲骨ストレッチ

椅子に座り、両足を肩幅に広げ、両手を後ろで組んで、後ろにグーっと引っ張ります。

肩甲骨を寄せるようにして、前の鎖骨部分が伸びているのを感じたら、手を放します。ここまでを１セットとして、これを１日３～５セット、仕事や家事の合間に行ってみましょう。

大胸筋を鍛えるストレッチ

まず姿勢をよくして、おへその前辺りで、指先を下向きにして両手を合わせます。息を吐きながら、手のひらを20秒押し合います。

このとき、腕に力を入れるのではなく、胸の筋肉を意識し、胸を寄せるように力を入れます。この動作を５回×１セットで１日３回程度行いましょう。

全体の印象が変わる！ くびれウエストをつくるために必要なこと

ウエストは、メリハリボディの鍵を握るパーツです。同じサイズのバストとヒップでも、ウエストがくびれていればメリハリボディをつくることができるからです。

「バストやヒップはほとんど変わっていないけれど、ウエストだけを重点的にケアしてサイズダウンしたら、ゴールデン・プロポーションに近づいた」というケースもあります。

そういう意味でも、ストレッチや食生活の見直しをかけて「くびれ」をつくっていくことが大切です。

・ウエスト計測方法のポイント

では早速ウエストの計測をしていきましょう。次の図を見てください。

ウエストを測るときは、肩の力を抜いて鏡に向かって立ち、ひじを軽く90度に曲げます。このとき、曲げたひじの位置をウエスト位置としてメジャーで計測します。ちょうど肋骨の真下にあたる部分です。

メジャーは床に並行になるように計測します。この際にメジャーをぎゅっと絞ったり、お腹を凹ませたりしないようにしましょう。

人によっては、この肋骨の直下部分がもっともくびれているとは限りません。肋骨よりももっと下の、骨盤の上あたりが一番くびれているという方もいます。しかし肋骨下の部分がくびれている状態、目安としてはひじを軽く曲げたところが理想的なシルエットです。

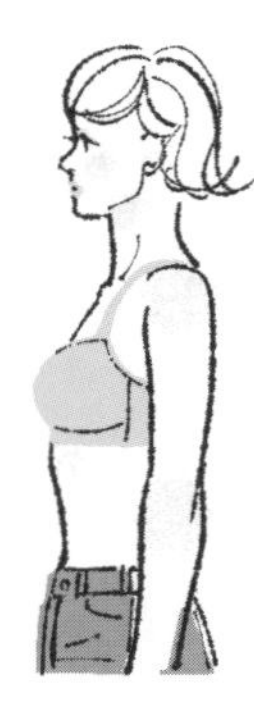

STEP 1

鏡の前にまっすぐ立つ

背すじをのばして、まっすぐ立ちます。

ひじを軽く90度に曲げる

ひじを曲げたところがウエストの位置なのでここを測ります。

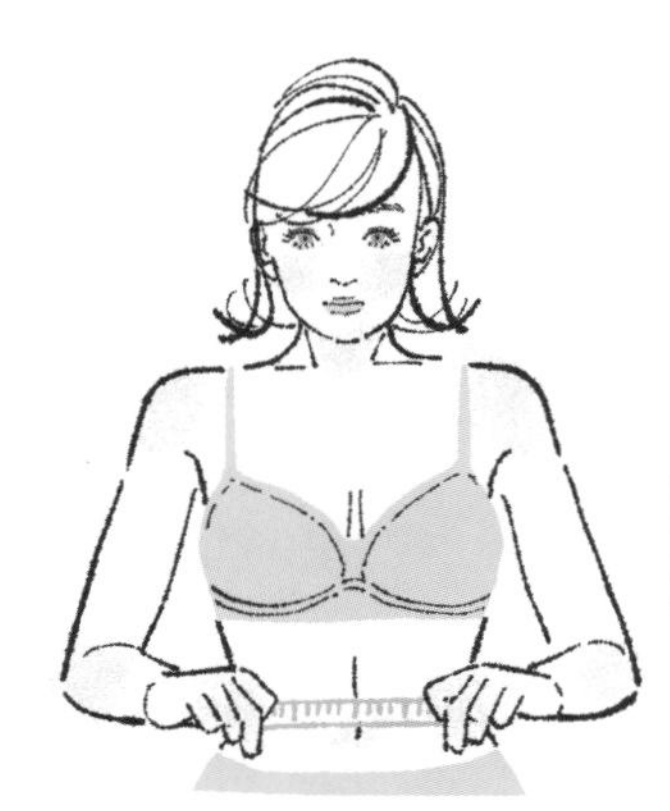

STEP 3

計測する

鏡を見て、メジャーが斜めになっていたり、ねじれていないか確認しましょう。

・補整下着はウエストメイクの強い味方

前項で「くびれている位置が下の方にある場合、ウエスト位置が低い」とお話いたしました。

この状態で、くびれをつくったとしても、スタイル全体が悪く見えてしまいます。その場合は、本来のウエスト位置にくびれが生じるよう補整下着を使うことによってプロポーションを整えていく方法があります。

ダイアナではボディスーツという補整下着を使用しています。バストからヒップまでを包み込み、決して無理な力を与えることなく、お腹を押さえるものです。

補整下着というと、ブラジャーやガードルをイメージする方が多く、下着でウエストをケアするという考えはあまり一般的ではないようですが、じつはウエストこそ、積極的に補整下着の力を借りていただきたいパーツです。

補整下着を着ける役割は、「バストやヒップを正しい位置に戻してあげる」ことにあります。とくにバストやヒップは年齢を重ねるにつれて下垂しやすくなってしまいます。これを引き上げてあげることで、美しいプロポーションをご自身でイメージしやすくなります。

人によっては補整下着を着けることで姿勢がよくなり、それだけでスッキリとした体型になる方もいらっしゃるでしょう。

補整下着は、体を締め付けて細く見せるものではなく、「体を整えるもの」と考えていただければと思います。

ワンポイントレッスン
～ウエスト編～

ウエストを絞っていくためには、食生活の改善のほか、ストレッチやエクササイズが欠かせません。そこで今回は、２つのレッスンをご紹介します。

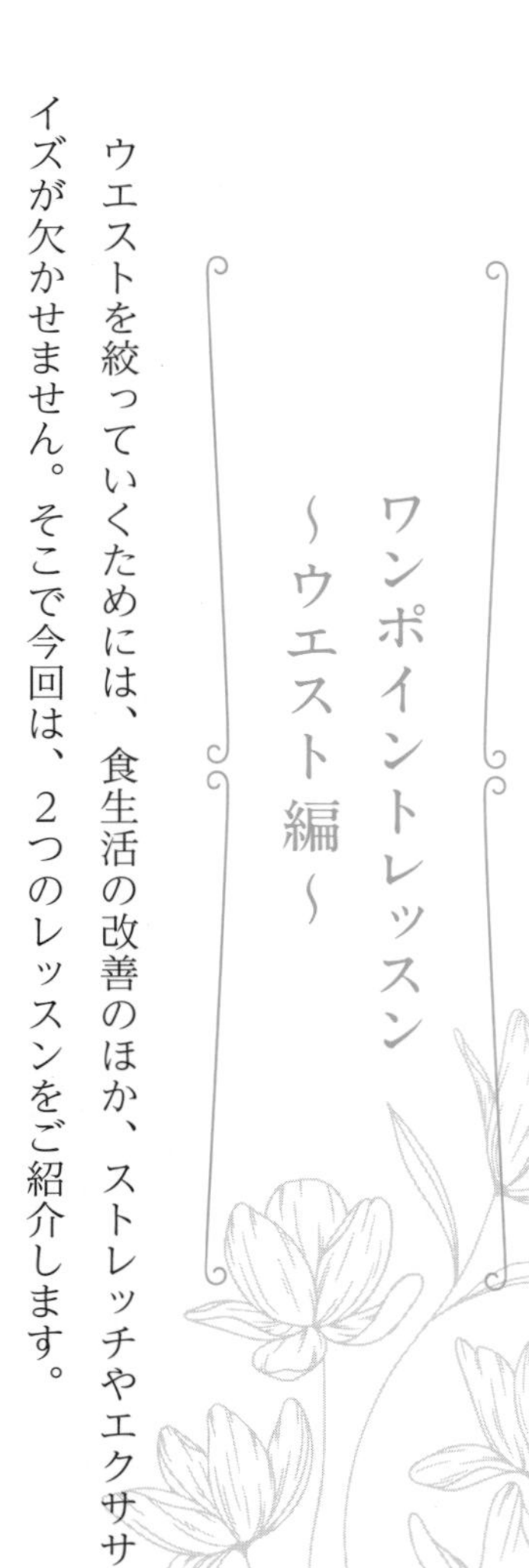

くびれウエストストレッチ

床に座った状態で片方の脚をクロスさせます。クロスさせたほうの脚と反対の腕で脚を押さえ、体をねじる時は背筋を伸ばし、体をねじります。あごを少しあげるように意識します。呼吸を意識し、10秒キープしましょう。反対も同様に行ない、左右両方で1セットです。

これを1日5回行いましょう。仕事中や、食事の前、椅子に座った時など「すき間時間」で行うのが効果的です。

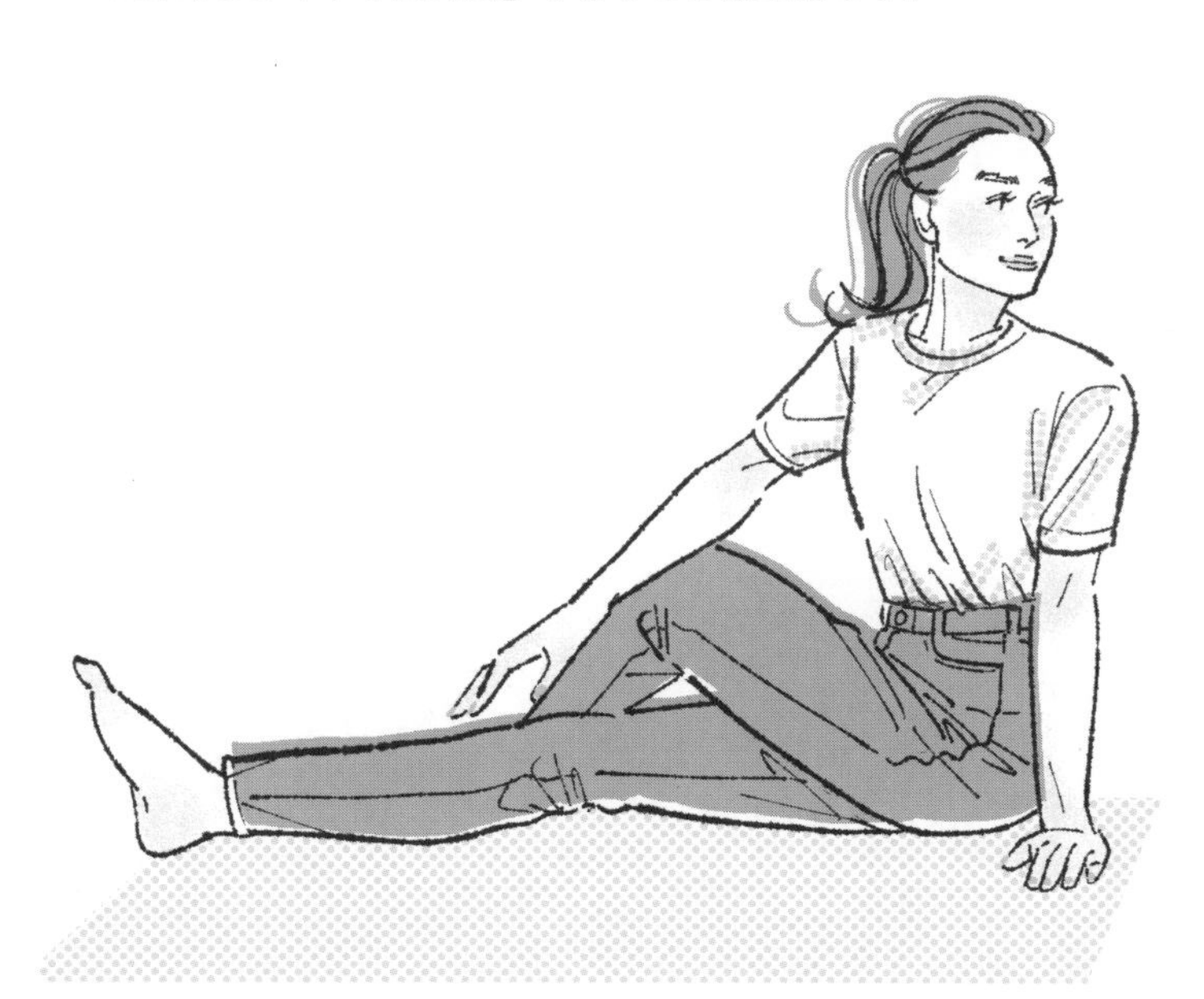

ぽっこりお腹エクササイズ

まずまっすぐに立ち、姿勢を正します。

両手を広げながら、大きく息を吸った後、今度は息を吐きながらお腹をへこませます。このときヒップに力を込めていきます。このとき両手はお腹にあてるようにします。

この状態を15～30秒間保ち、1セットとします。1日10～15回行うようにしましょう。信号待ちや電車待ち、エレベーターの前など、ちょっとした時間にやるのが継続のコツです。

ハリのあるヒップラインをつくるために必要なこと

百貨店などで下着を試着した際に、バストを測ってもらったことはあっても、大半の方がヒップを測ったことはないのではないでしょうか。

ヒップは正面から見えないため、ついケアを後回しにしてしまいがちですが、自分からは見えてないだけで、シルエットの美しさを決定づける重要なパーツです。横向きや後ろから見たときに、ヒップにハリがあると大変若々しい印象を与えます。

理想のヒップは、ヒップと太ももの境目がはっきりしており、丸くハリのあるフォルム。太ももとお尻の境目がなくなるにつれて、メリハリも失われていきます。丸いヒップが崩れて四角くなってしまったり、さらに下垂が進むと、上の方が削げていわゆる「ピーマン尻」といわれる状態になっていきます。

若々しく美しいヒップづくりのために、しっかりとケアをしていきましょう。

・ヒップ計測方法のポイント

では早速、ヒップ計測をしていきましょう。

ヒップには、「ミドルヒップ」と、「ヒップ」の2種類があります。

ミドルヒップとヒップの計測法からお伝えします。次の図を見てください。

ミドルヒップは、ウエストとヒップの中心部分です。目安として、おへそから約3㎝下、もしくはお腹の一番出ているところを測るといいでしょう。また、ヒップはヒップの一番出ているところを測ります。いずれもメジャーが斜めになったり、たわんだりしないように注意してください。

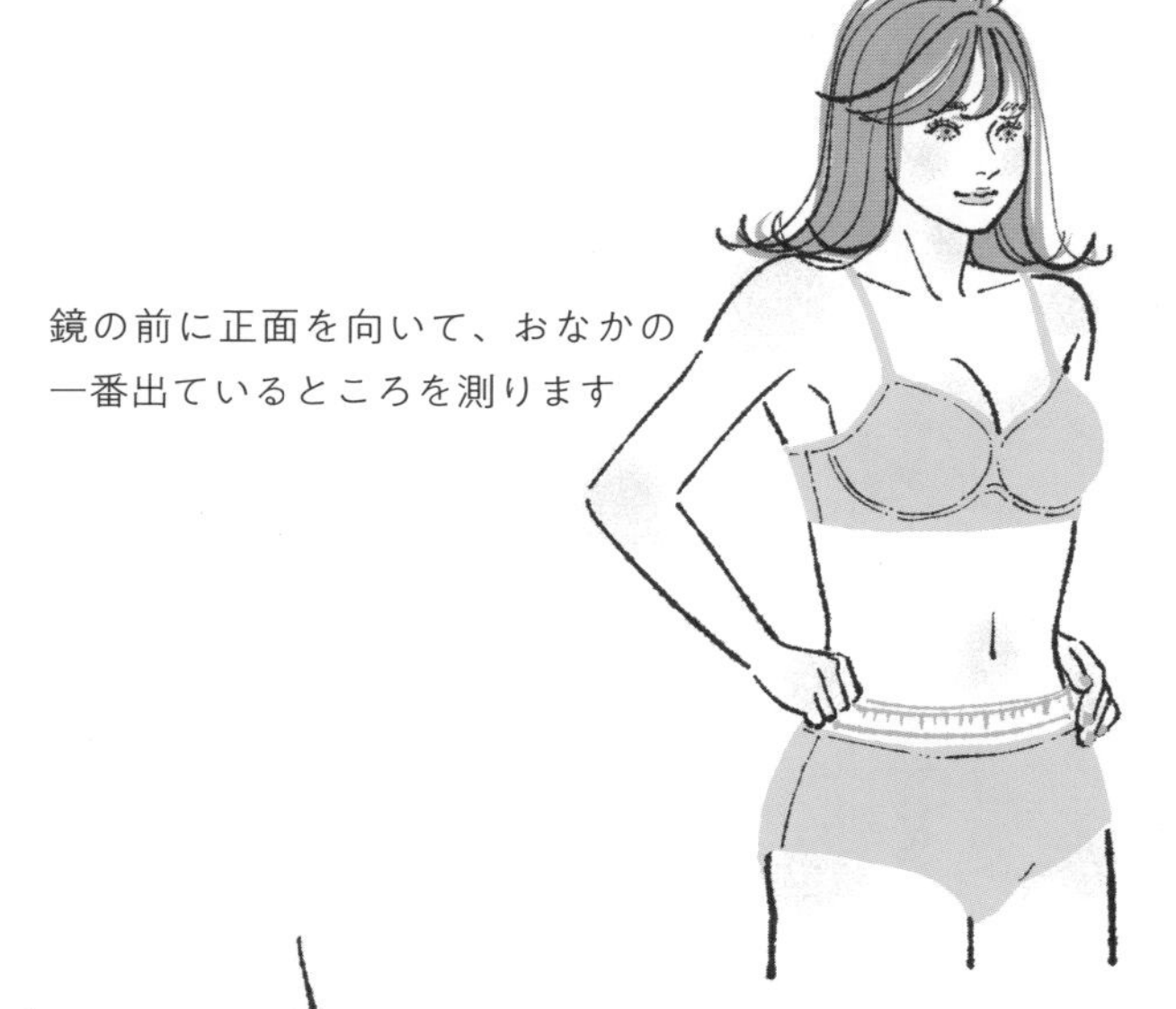

鏡の前に正面を向いて、おなかの
一番出ているところを測ります

ミドルヒップ

ヒップ

鏡の前に横向きで立ち、床と平行に
なるようにしてメジャーを巻き、ヒ
ップの一番出ているところ、おしり
の中で一番大きな部分を計測します。

・ショーツやガードルの正しい着用がキレイなヒップラインをつくる

さて、ハリのある美しいヒップをつくるためには、ショーツやガードル選びも大切になってきます。ここでは選び方のポイントもお伝えします。

ショーツは、全てのヒップを丸く包み込んで、お尻の余分なたるみを逃さないものが理想です。できるだけ布面積が多いものを選ぶようにしましょう。

サイズの合わないきついショーツ、ウエストに段差ができるようなものや細すぎるゴムを使用しているもの、ヒップに食い込んでしまうものは避けましょう。

小さすぎるショーツは血流を阻害し、健康にも悪影響を与えます。

また、ダイアナではプロポーションをつくるために、ガードルの着用もおすすめしています。ご存じのように、ショーツの上に履く補整下着のひとつですが、ガードルは、ヒップのラインを美しく見せるだけでなく、太ももの余分なたるみをヒップの方に寄せ、下腹部の余分なたるみを上に持ち上げるので、太ももやお腹周りのサイズダウンにも効果的です。

ではここで、ショーツとガードルのはき方についてもご紹介いたします。

ショーツのはき方

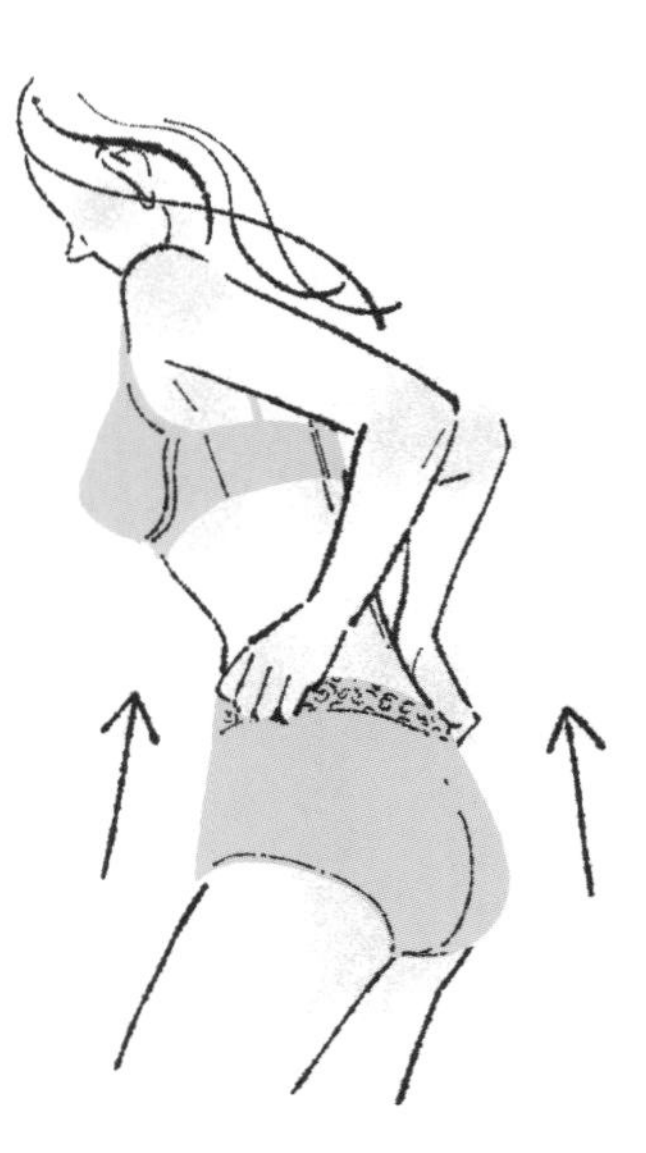

ショーツをウエストの位置まで
引き上げ、前後・左右に整えて、
ヒップをすっぽり包みます。

ガードルのはき方

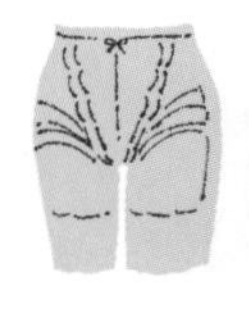
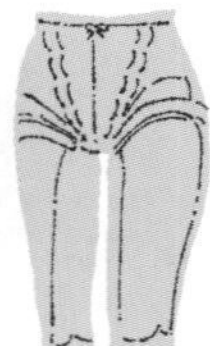

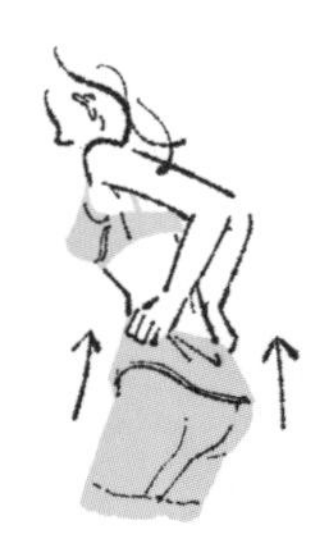

STEP 1

軽く外側に二つ折りにして、ヒップの位置まではき、前後・左右を持ってウエストの位置まで引き上げます。

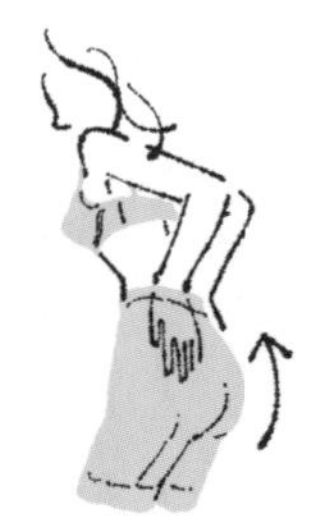

STEP 2

メッシュを太ももとヒップの境目に合わせてガードルの中に手を入れ、太ももの余分なたるみをヒップの位置まで持ち上げます。ヒップを片方ずつやさしく包み込むように入れ込みます。

STEP 3

ガードルの中に手を入れ、お腹の余分なたるみをすくい上げます。

すらりと伸びた太ももになるために必要なこと

最後は、太ももの計測です。実は、太ももは体のパーツの中でも痩せにくい部分のひとつです。その理由として、歩き方の癖や姿勢、また骨格と筋肉のバランスなどが複雑に影響しあっているからです。また、日常生活で座ることが多かったり、運動不足だったりすると血流が悪くなり、むくみから痩せないということもあります。ぜひ後述のエクササイズも参考にしてみてください。また、ストレッチやエクササイズだけではなく、正しい姿勢や歩き方も意識するようにしましょう。

各部位の計測方法をご紹介してきましたが、より正確なサイズを確認する場合は店舗などでの計測をおすすめします。

太もも計測方法のポイント

肩幅に足を開き、股下から3cm下もしくは、一番太い部分を測ります。このとき、メジャーを足にきちんと添わせるようにして測るようにしましょう。

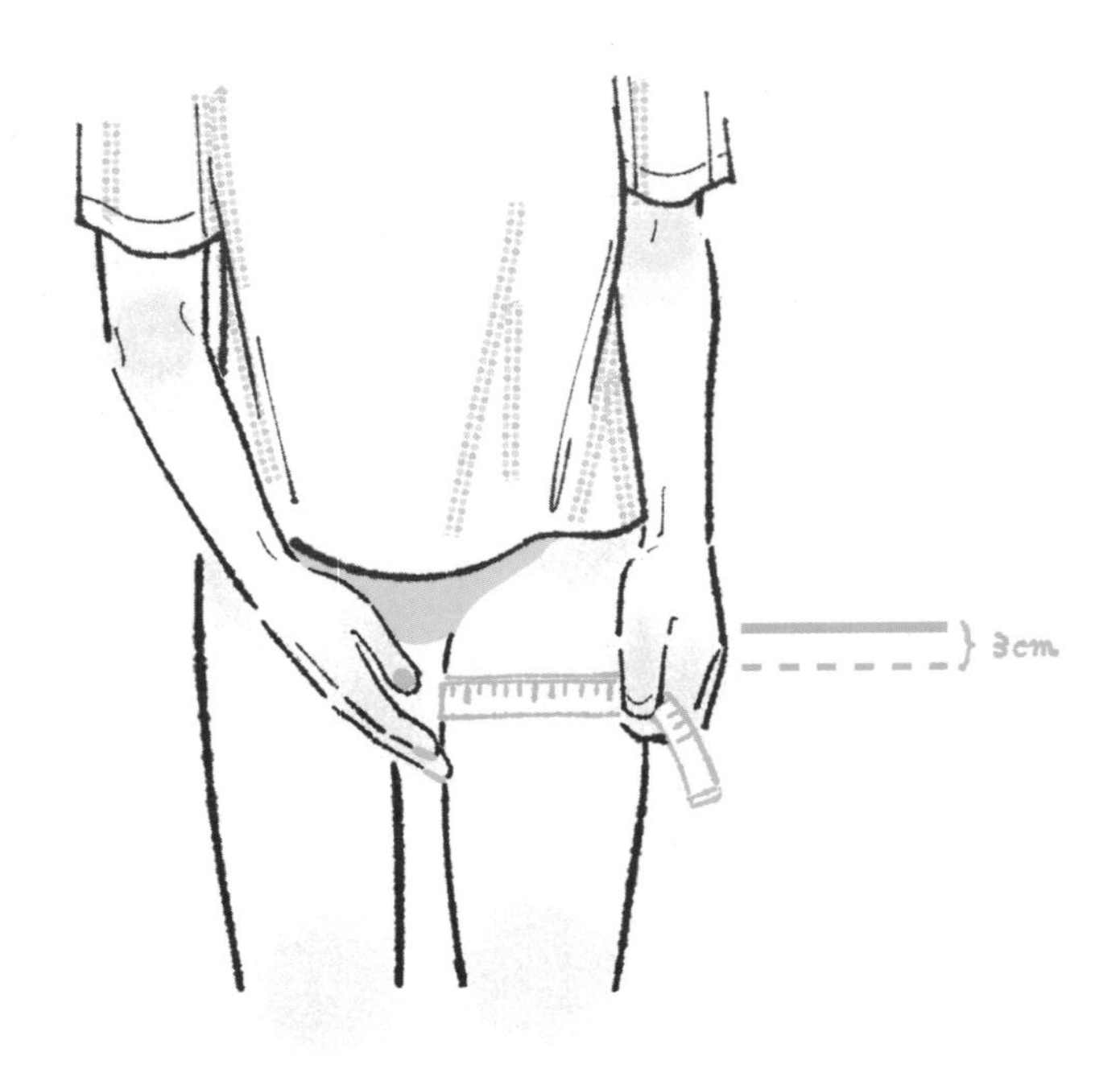

太もも上げエクササイズ

椅子に深めに座り、腹筋を使いながら片足を地面から垂直に上げて30秒キープします。この時、太ももが椅子から離れるくらいのところで止めます。

反対の足も30秒。左右両方1セットとして、1日5回～10回程度を目安に行いましょう。

足がプルプルしてくるのは、効果がある証拠。無理のない範囲で、エクササイズを続けていきましょう!

「フットケア」が良いプロポーションをつくるカギ

本章では、サイズ計測がプロポーションづくりに欠かせない、というテーマで各パーツのサイズ計測の方法等についてお伝えしてまいりました。

太もものサイズ計測でも少し触れましたが、じつはプロポーションづくりに欠かせないのが「フットケア」です。

足は、体を支える土台となる部位です。フットのお手入れをすることは、全身を美しく見せることにつながる、という事実があります。フットに関するデータを蓄積し、プロポーションづくりに活かしているのが、フットケア専門サロン「リゼラアンドコー」です。田中里佳氏（順天堂大学教授、足の疾患センター長）にアドバイスをいただきながら、日々私たちは美脚づくりに関する研究を重ねています。

「リゼラアンドコー」にいらっしゃるのは、巻き爪やウオノメ、タコなど、足にトラブルを抱えたお客様たちです。一見、プロポーションとは関係なさそうに思えますが、こういったトラブルを甘く見てはいけません。

巻き爪やウオノメ、タコなどが原因で、足に痛みを抱えるようになると、人は痛みの生じた部分を庇って歩くようになります。

すると、どうなると思いますか。

まず、足元のバランスが崩れることで、使う筋肉と使わない筋肉の差が生まれます。ある部分の筋肉だけに負荷がかかると、今度はそれによって骨盤が歪みます。

上半身を支える骨盤が歪めば当然、それに引っ張られる形でボディ全体も歪んでしまいます。

足元のケアをしっかり行い、正しい姿勢、正しい歩き方をすることがプロポーションづくりの土台ともなるのです。

足のトラブルはなにも、巻き爪やウオノメといったものだけに限りません。足の親指のつけねがくの字になってくる、いわゆる「外反母趾」や、足裏のアーチがない偏平足の方も同様に、体の歪みを起こします。

とくに偏平足でアーチがないと、歩き方に悪い癖ができてしまい、腰痛や膝の痛みを引き起こしたり、X脚の原因になることもあります。

美しいプロポーションをつくるために、ぜひ足の状態も定期的にチェックしてみてください。

といっても難しいことはありません。普段履いているスニーカーやパンプスなどを裏返して、靴裏が極端にすり減っていないか、チェックしましょう。

「ある部分だけ靴裏が減っている」

「1カ月前に買ったばかりなのに、靴裏の減り方が顕著だ」と感じる場合は、足の筋肉がうまく使えていない可能性を疑い、可能であれば専門機関へのご相談をおすすめします。

靴裏と同時に足もチェックし、巻き爪やタコなどが見つかれば、フットケアサロンを利用し、白癬や疣贅など疑わしいものが見つかれば、病院等での治療を受けるようにしましょう。

・正しい靴の選び方

巻き爪や、足そのものをきちんと使えてないことで、足のトラブルが発生するとお伝えいたしました。

もうひとつ、足のトラブルが起こる原因として「正しい靴のサイズを選べていない」ことも挙げられます。

靴を履いていると足に痛みを感じる。靴がすぐに脱げてしまう。あるいは、靴の中で足が泳いでしまう。こういった場合、「自分はサイズが合っている」と思い込んでいて、実は合っていないケースが多いのです。

従来、日本人の足型というのは、親指が長く、足の横幅が比較的広いのが特徴でした。ところが近年は欧米化されてきて、人差し指や中指が長い方が増えてきたと言われています。靴の中で指が丸まった状態で履いてしまう方も増えてきました。

また、足の横幅が狭い方も増加傾向にあります。

しかし一般的に、靴を買う際は足長（一番長い指先からかかとまでの長さ）を選ぶことはできても、横幅の選択肢はありませんよね。こういったことから、「自分に合う靴を選ぶこと自体が困難になってきた」という現状があります。

靴の選び方が間違っているがゆえに、足にトラブルを抱えている方が非常に多いのです。

足のトラブルを避けるには、ご自身の正しい足のサイズを知ることが大切です。足長だけでなく、横幅や厚み、指の長さなども知っておく必要があるでしょう。

しかし、これらはなかなか自宅では計測することができません。そこで、おすすめなのが靴の専門店や、シューフィッターのような専門家がいる場所で足の計測をしてもらうことです。

ちなみに、リゼラアンドコーの一部店舗でも、足をあらゆる角度から計測でき

る3Dフットプリンターを設置し、精度の高い計測を行っています。

・正しい靴の履き方

正しいサイズ選びができたら、つぎは靴の履き方にも注意を払いましょう。

靴を履くと、足は自然と前方向に滑りやすくなります。そのため、正しく靴を履かないと無意識のうちに足が前に滑り、指が靴に当たってタコなどトラブルの原因となってしまうのです。


では、ちょっとここで思い出してみてください。

みなさんは、普段どんなふうに靴を履いていますか？

つま先をコンコンと地面に当ててしまう仕草をやるのが癖になっていないでしょうか？　実はそれ、間違った靴の履き方なのです。

靴を足に入れて、「かかと」でコンコンと地面をたたき、つま先の方に0・5～1㎝程度のゆとりが出るように履く。これが正しい履き方です。

靴によっても注意したいポイントは若干異なります。

ヒール靴の場合は、ストラップがついていて足首を支えてくれるものを選び、滑り止めを入れるようにしましょう。スニーカーの場合は、毎回履くときに必ず紐を解いてから足を入れ、しっかりと紐を結んで足首が動かないよう固定しましょう。紐を常に結んだ状態で着脱を繰り返していると、次第に緩んできてしまいます。

足首をしっかりホールドし、前滑りしないように心がけましょう。

・足元のバランスを整えるには、インソール

足裏のアーチの筋肉が減ってきたり、たるんできたりすると足を支えられなくなります。崩れた足裏のアーチを元の状態に戻すためには、青竹踏みなどが有効ですが、日常生活の中ではなかなか難しいもの。そこで、おすすめしたいのが「インソール」の使用です。

インソールとは、中敷きのことで靴のサイズ調整等に用いられるものですが、足のアーチを押し上げるという用途にもできます。

一人ひとりアーチは違うため、可能ならば足形に合わせたフルオーダーメイドのインソールを入れるのがとてもおすすめです。

体全体のバランスが安定し歩き方も美しく整えることができます。歩き方、足の痛みなどにお悩みの方は検討してみるとよいでしょう。

ワンポイントレッスン
～フット編～

アキレス腱が硬いと動きが制限され、足のバランスが崩れやすいです。アキレス腱が柔らかくなると、歩き方が改善されてつまづきも減ります。体幹を鍛えるのにも効果のある、アキレス腱のストレッチを紹介します。

壁に向かって立ち、片方の脚を後ろに開き、アキレス腱を伸ばすようなポーズをとります。

アキレス腱伸ばしをやりながら手でぐっと壁を押さえつけ、伸ばしている方の足首に負荷をかける。かかとは地面にくっつけたままで、10秒間キープし、5回前後負荷をかけます。もう片方の足でも繰り返し、左右の足5回を1セットにして、1日3回前後行いましょう。

アキレス腱のストレッチ

STEP 1

まっすぐ立つ

軽くあごを引き壁の前に立ちます。

STEP 2

片方の足を後ろにのばす

手でかべを押すようにしてアキレス腱をのばします。

STEP 3

反対側も同じように

反対側の足も同じようにのばします。

Chapter 4

なぜプロポーションが変わってしまうのか

なぜプロポーションが変わってしまうのか

どうしてプロポーションは変わってしまうのでしょう？　そう問われたとき、様々な答えが返ってくると思います。

年齢のせい。ダイエットを途中でやめてしまったから。若いときに油断していたから。

違います。これらは、すべて副次的な要素であり、プロポーションの変化を作る根本原因ではありません。

プロポーションの乱れを生み出すもの。それは「重力」です。

人間に関わらず、すべての物体は重力の影響を受けます。たとえば、人間は脳を発達させることで、厳しい生存競争を勝ち抜いてきた生物ですが、その秘密は、背骨のS字曲線にあります。背骨をくねらせることで、重力の影響を柔らかにし

て、直立二足歩行を可能にし、それゆえに、全体重の10%ほどを占める重い頭部を体の上に乗せ、バランスを保つことが可能となっているのです。

人間の体はこの直立二足歩行を可能にするために、様々な機能を有しています。たとえば、二本足のロボットを作ろうと思ったとき、もっとも苦労する点は、右足を上げたときに自然にバランスを取るようにする機能をもたせることがもっとも難しかったと言います。

これを事も無げにやってしまうのが人間の体です。

しかし、テクノロジーが発達した現在は、立つよりも座る時間が長くなり、食事もお金さえあれば手に入るという環境を手に入れることができました。その反面、人の体は、重力との戦いに弱くなったとも言えます。

この「重力にあらがわずに生きた」これこそがプロポーションの乱れを作った根本原因です。

プロポーションを崩すもっとも大きな要因である姿勢の乱れも、椅子に座っている時間が長く、体のクセに任せたままの姿勢を続けることで生み出されていきます。このように重力と戦わない時間を増やすことで、プロポーションは崩れていくのです。

となると、答えは簡単ですね。

つねに重力に打ち勝つような体を作れれば、プロポーションも自然とよくなっていくということです。

そして、この答えまで辿り着けば、そのための方法論も簡単に導き出すことができます。

つまり、日常生活の動作に意識を向ける。日頃の生活1つ1つの質を上げる。これだけで、美しいプロポーションを手に入れることができるのです。

しかし、情報過多な現在、体重やプロポーションを気にすると、多くの情報に惑わされ、何が正しいかを気にするあまり、「結果的に何が正しいのかわからない」という人も大勢いらっしゃいます。

実際に、私共の元にいらっしゃる方も「え？　私のやりかたって間違ってたんですか？」と驚きの声を上げる方がほとんどです。しかし、理屈で説明すると皆様「たしかにそうですね」とご理解していただけます。ということは、多くの人が、わかってはいるけど、ついつい間違ってしまう、という状況に陥っているわけです。

ということで、本章では、プロポーションづくりにおいて、ついついやってしまう「やりがちポイント」から正しい方法論を紹介していきます。

そもそも美しいプロポーションというのは、造形美。という意味もありますが、もう1つ機能美という美しさも有しています。

このやりがちポイントを1つ1つ正しながら、重力に負けずに生きる元気で美しい体を手に入れていきましょう。

・やりがちポイント1．体重を早く落としたいから、お豆腐だけを食べちゃう

栄養バランスに関する理論は、よく「水の入った桶」に例えられます。

桶の板が1箇所でも欠けていると、中の水がこぼれ出てしまうのと同じように、単品ダイエットで1つの食品だけを食べ続けると、特定の栄養素だけが大量に体内に入っていきます。ところが人間の体には、過剰に摂りすぎた栄養素は吸収を拒否し、体外に排出してしまうのです。さらにはこの時、体が本来は必要としているはずのほかの栄養素まで一緒になって外に出てしまうこともあります。せっかく摂ったほかの栄養素を確実に吸収するためにも、バランスよく食べることが重要となってきます。

チームワークにこだわった有用成分で、しっかりとカラダを満たす

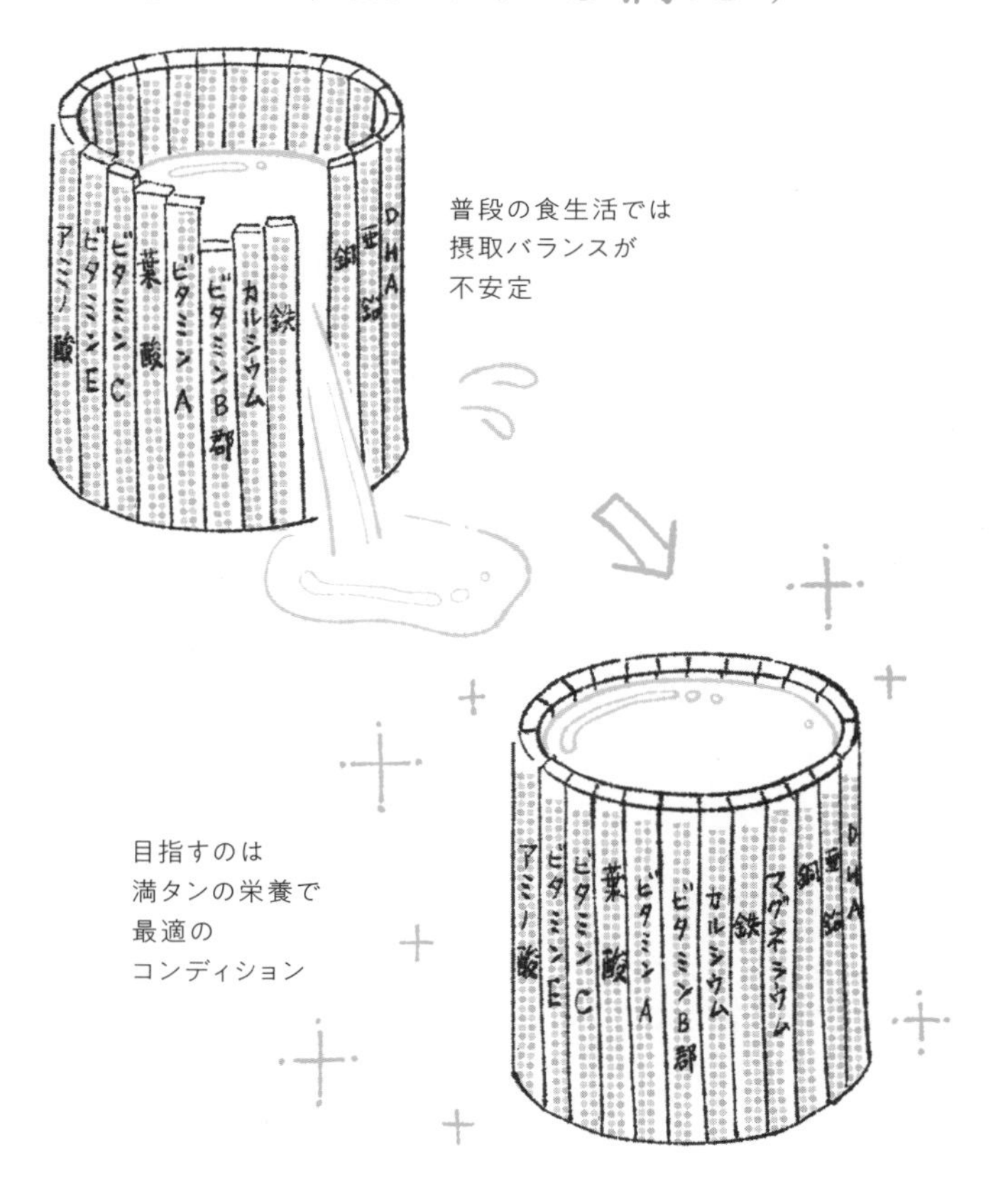

たしかに、単品ダイエットは、最初こそ体重が落ちて痩せた気にはなるかもしれません。しかし栄養不足でエネルギーがつくられないため、脂肪が分解されることもありません。さらに数日すると体には負荷がかかりストレスとなって、必ずといっていいほどリバウンドを招くでしょう。

また、それぞれの栄養素には他の栄養素との密接なつながりが存在します。よく「カルシウムは骨にいいからたくさん摂らなくちゃ」といって、小魚を大量に食べてカルシウムばかり摂取しようとする人がいますが、他の栄養素との相互作用を無視してはいけません。

たとえば、ビタミンDやKはカルシウムの吸収や骨への沈着を促進するはたらきをします。マグネシウムにもカルシウムとの密接な関係があることがわかっており、1：2の割合で摂取することが理想だといわれています。体内のマグネシウムが不足した状態になると、カルシウムまで一緒に溶け出てしまいますし、マグネシウムを余分に摂りすぎたとしてもやはり吸収されずに排出されてしまうのです。

よく、納豆のような発酵食品やたんぱく質の多い食品など、健康に良さそうなものを食べて続けていれば痩せると誤解している方がいますが、栄養価の高い食品も、バランス良い食生活という基盤ができてはじめて、その効果を発揮します。偏りのある食生活を見直し、9品目を摂取することを目指しましょう。9品目とは、肉・魚・貝・豆・卵・乳製品・油脂・海藻・野菜のこと。これらを1回の食事で食べることで身体に必要な栄養素が摂取できるといわれています。

単品ダイエットとは、その名のとおり1種類の食品だけを食べ続けたり、3食のうち1食を、特定の食品に置き換えるというダイエット法です。りんごダイエットやキャベツダイエット、ブロッコリーダイエットなど、短期間で体重を減らすのに効果的だという口コミが広がり、かつて大ブームになったことがあります。

しかし、プロポーションづくりのためには、単品だけを食べるダイエットは絶対にやってはいけません。

参考までに、5大栄養素、糖質、たんぱく質、脂質、ビタミン、ミネラルの各役割を掲載しますので、これを頭の片隅に置きながら、日々の食事を摂取していきましょう。

〈五大栄養素のはたらき〉

糖質（炭水化物）：エネルギーをつくる

たんぱく質：体（細胞）をつくる・エネルギーをつくる・酵素をつくる

脂質：エネルギーをつくる・体（細胞）をつくる・ホルモンをつくる

ビタミン：細胞どうしの潤滑油・エネルギー産生（＝三大栄養素）の調整・抗酸化物質

ミネラル：体（骨・歯）をつくる・細胞どうしの潤滑油

各栄養素の摂取比率目安

糖質：60％　たんぱく質：15％　脂質：25％　ビタミン、ミネラル：少量

食品によって栄養素の比率は異なります。ビタミンやミネラルなどの栄養素をバランス良くしっかり摂取することが重要です。

ちなみに、冒頭でご紹介した「お豆腐」は、ヘルシー食材のイメージが強いですが、意外とカロリーが高いのです。ご飯一杯（１５０ｇ）のカロリーが２３４ｋｃａｌに対し、木綿豆腐のカロリーは、１丁（３００ｇ）で２００ｋｃａｌを上回ります。しかも、お豆腐はお米より腹もちが悪いので満足感が得られにくいというデメリットもあり、ダイエットには向かない食材なのです。

さらに、お豆腐で単品ダイエットを行ってしまうと、たんぱく質の過剰摂取になり、内臓に負担を与えることにつながります。栄養の摂らなさすぎにも、「摂りすぎ」にも注意して、日々の食事から栄養を摂取するようにしましょう。

・やりがちポイント２．　コンビニでの買い物はプロポーションづくりの敵！

プロポーションづくりをしよう！と決めると、普段の行動にもさまざまな変化が現れるものです。それまで食事を摂り過ぎていた人の中には少し節制したり、あるいは運動不足なのが自分の中で気になり１駅分歩いたり、軽いストレッチを始める方もいます。

その中で自分にストイックになるあまり「コンビニに立ち寄るとつい余計なお菓子まで買ってしまうから、コンビニに行くのも禁止！」にしてしまう方がいらっしゃいます。これまでの行動を見直した結果、導き出した答えだとは思うのですが、逆に私は、コンビニにはプロポーションづくりをサポートしてくれる多くの食材があると思うのです。

その代表格が「サラダチキン」と呼ばれるたんぱく質が豊富に含まれた食材です。女性に不足しがちなたんぱく質を楽に、また美味しく摂れる食材としてとても優秀です。また、サラダも種類が豊富なので、毎日違う種類を食べれば飽きることがありません。おにぎり類も充実していて、現在では雑穀や玄米が含まれているものも販売されています。こうしたものを選べば、白米のおにぎりに比べ血糖値を低くおさえることができます。

問題なのは、コンビニで「むやみやたらに欲しいものを買う」ことであって、プロポーションづくりのための意識を持つことができればむしろコンビニは強い味方になるのです。例えば自炊する場合は、どうしても正確なカロリーを知ることは難しいですがコンビニで売られている食材には、ほとんどすべてのものにカロリーと糖質が記載されています。こうした記載をもとにすれば、楽にカロリー計算や、糖質計算をすることができます。

また、頑張り続けたご褒美に、たまにはコンビニで甘いものを摂ってもいいですよね。

コンビニに行くこと自体を自分の中でＮＧにしてしまうと、かえってストレスが溜まってしまいます。そうではなく、コンビニに行って「食べても良い」食材を選ぶようにすればいいのです。「プロポーションづくりには自炊がいちばん！」という固定概念を捨て、コンビニ食材も上手に使いながら、プロポーションづくりを進めていきましょう！

・やりがちポイント３．　糖質完全カットで体重がみるみる減る食事制限ダイエットも、時代とともに方法が激しく変わりますが、糖質制限ダイエットが市民権を得るようになって久しいですね。

糖質を摂りすぎないようにすること、そしてたんぱく質を多く摂ることは、美しいプロポーションづくりにおいて大きな効果を及ぼすことがわかっています。

私たちも「高たんぱく質低糖質」の食生活は強く推奨しています。しかし「糖質を完全にカットすること」についてはおすすめしていません。

なぜなら5大栄養素の中には糖質も含まれていることからわかるように、糖質は人間の生命活動に必要な栄養素だからです。

そう言われれば、そんなことはわかっている、と思う方がほとんどだと思いますが、それでも、糖質制限ダイエットをしたことがある方なら、ほとんどの人は振り返ってみると、過剰な糖質カットをしたという経験を持っていると思います。

頭ではわかっていても、始めてみたらついついやってしまう。まさに糖質ダイエットは「やりがち」に陥りやすい方法なのです。

糖質は砂糖などの甘いものだけでなく、ご飯やパンなどにも豊富に含まれており、消化吸収されると血流にのって全身をめぐり、エネルギーとなります。しかし、糖質の摂取が多すぎると、使われなかったエネルギーは中性脂肪として蓄積されていきます。これが「糖質は太る」と言われる所以ですが、ここで注意してもらいたいのは、糖質は体を動かすエネルギー、すなわちガソリンの役割を果たしているというわけです。ガソリンがなければ車は走りません。同様に人間の体も糖質がなければ、体も動かず、無理に動かしてもすぐに疲れてしまい、嫌な気持ちのまま続けなければいけなくなるため、精神的にも続きません。

ですから、無理せず、しっかりと糖質は摂りましょう。大丈夫、必要以上の摂取をしなければ、脂肪に変わることはありません。

さらに、バランスの良い食事を摂ることで、体の調子がよくなっていき、自然と1日の活動量も増えていきます。すると、体内のエネルギーが不足してきて、脳から、「体内の脂肪をエネルギーに変換せよ」という命令が発せられます。

こうして、体本来の正しい脂肪燃焼を行うことで、健康を損なうことなく体脂肪も落とせるという形を作り出すことができるのです。

・やりがちポイント4．朝食抜きの1日2食が、健康的

1日3食が理想。というのは誰もが聞いたことがあるとは思いますが、その昔、人間は1日2食で生活していた、ということから、1日2食が理想的な食事だ。という人もいます。

しかし、これは昔の人の生活習慣から2食になっているだけで、栄養バランスをしっかり取れているのなら、やはり1日3食が美しいプロポーションづくりでは、もっとも効果的だと考えています。

忙しい現代人は、3食の時間を作るのも難しいかもしれません。

ただ、朝食抜きは、1日2食の中でもおすすめしません。

まず、寝起きは血圧が下がる人も多いため、活動意欲も小さく、空腹を感じな

いかもしれませんが、睡眠中に栄養素が消化されているため、体は飢餓状態になっています。そのため、朝食を抜いてしまうと、午前中の活力が失われ、仕事の効率が落ちてしまいます。

そもそも、朝に摂ったエネルギーは1日の中で消費されていくので、しっかり食べてもそうそう太ることはありません。

しかし、朝食を抜いて、昼食、夕食でバランスを得ようとすると、消化しきれない栄養は睡眠中に着々と脂肪へと変換する作業に従事します。

また、これはまさに「やりがちポイント」ですが、朝食を抜くと、足りないエネルギーを補うために、すぐに血糖値が上がるお菓子などに手を伸ばしてしまいがちです。しかも、1日2食生活は、朝抜いた分、昼と夜でしっかり栄養を摂ろうとします。

するとどうでしょう。いつの間にか、ついつい手を伸ばしたお菓子のことが頭から抜け落ちて、この分が、まるまる過剰摂取になってしまいます。

しかも、市販のお菓子は基本的に高カロリー。そのため、1日2食で健康的な食事と思っていたのに、残念な結果になってしまう。このように、簡単に食べ物が手に入る現代人の生活では、1日2食の生活は危険と隣り合わせとも言えます。

では、1日3食しっかり食べたらどうでしょう？

まず、朝からしっかり栄養を摂れば、体は栄養満点な状態をキープできるため、余計な空腹感は生まれません。そのため、間食や暴飲暴食に走ることもいっさいなく、小腹が空いてスイーツに手を伸ばしたり、食べ足りなくてデザートや締めのラーメンを欲したりすることもなくなります。

また、そもそも1日2食はプロポーションづくり、健康づくりにおいて相当のリスクを伴います。

1日2食にすると、食事と食事の間の時間が長くなります。すると、体はエネルギーが足りず飢餓状態へと陥ります。この状態で食事をすると、急激に体は炭水化物を糖へと一気に変えてしまうため、一気に大量の糖が血液中に流れ出します。この血糖値が急上昇する状態が「血糖値スパイク」と呼ばれ、心筋梗塞、脳梗塞のリスクを大きく上げてしまいます。

それだけではありません。糖を作るために全エネルギーをそこに集中させるため、食事後は何もできずダラッとした時間を過ごすことになってしまうのです。お腹いっぱい食べて、もう動けない、という状況になったことは誰もが一度はあると思いますが、食事時間が空くことでもこのような状態に陥ってしまうのです。

1日に必要な栄養とカロリーを3食の中できちんと摂るようにしましょう。といっても、その内容は人によってそれぞれ違います。朝から体を動かす仕事の方であれば、朝から動けるように、すぐエネルギーに変わる糖質が必要でしょう。

一方、デスクワーク中心であればそこまで糖質は必要ではありません。このように、1日の活動量が把握できれば、体が本当に必要としている食事の量や内容が感覚でわかるようになります。

食事に意識が向くと、次第に食事内容を見ただけで、カロリーが多すぎるのか少なすぎるのか、9品目がバランスよく摂れているのかまで自分で把握できるようになります。自分の体にとってちょうどいい食事量がわかるよう、体と脳に教えこませていきましょう。

・やりがちポイント5．食べすぎてしまったら、翌日は1日断食すればいい

「ひさびさに焼肉を食べにいったら腹十二分目まで食べてしまった…」
「糖質コントロールをしているのに、誘惑に負けてスイーツビュッフェにいってしまった…」

ダイエット中につい食べすぎてしまうと、落ち込んで自分を責めてしまいますよね。このときに、前日食べすぎたからといって翌日断食をしてリセットしようとする方がいますが、これは逆効果です。極端な食事制限は、栄養不足に陥り、ふたたびリバウンドを引き起こす原因となります。

最近は、ファスティングや16時間断食ダイエットなども流行していますが、自

Chapter 4
なぜプロポーションが変わってしまうのか

己流で実践するのはとても危険です。

ファスティングなどは消化器官を休める意味では効果がありますが、その分体に相当な負荷がかかるダイエット法です。

ここでも、やはり問題になるのが、先程も紹介した「血糖値スパイク」です。痩せるためにファスティングを行っても、この急激な糖の生成により、必要以上の糖が作られ、それは結局体脂肪に変わってしまいます。その結果、「食事を抜いたのに太る」という、一見信じられないような現象が生じてしまうこともあるのです。

もし、どうしても実践する場合は、専門家の指導のもとで徹底的なフォローを受けるようにしてください。

1日食べすぎてしまったときは、おそらく翌日まで満腹感は続くと思います。そのため、もともとそれほど多くの食事は欲しないでしょう。そこで、食べ過ぎた翌日は、体の声に従って、少しだけ食べるようにして血糖値の急上昇を抑えつつ、2、3日かけて、普段の食事に戻していくと良いでしょう。

ちなみに食事制限をしているのに、腹十二分目まで食べすぎてしまうということは、栄養不足に陥っている可能性を疑ってください。必要な栄養素がしっかり摂れていて、体も心も満たされていれば、そもそも暴飲暴食に走ることはないはずです。

・やりがちポイント6．カロリー制限ダイエットは効果がない

「食事制限ダイエット」とひと口にいってもさまざまなダイエット法があり、そのやり方は千差万別。その中でももっとも基本的なのが、カロリー制限です。

近年は糖質制限ダイエットが注目されるようになり、「カロリー制限よりも糖質制限をすべき」「カロリー制限ダイエットはむしろ太る」などという意見も聞くようになりました。

しかし、「美しいプロポーションづくりをしたい」と願う人を多く見ている現

場の人間から言わせていただくと、近年はこの意見を取り入れているがゆえに、失敗している人が増えているような印象を強く受けます。

では、糖質制限とカロリー制限の大きな違いは何かというと、それは、食生活の変化です。

糖質制限を行うと、これまで炭水化物中心の食事をたんぱく質中心へと変えていきます。

もちろん、これでも体調がずっと良い状態をキープできれば、問題はないのですが、残念ながら、食事は変えられても長年染み付いた体のクセは変えられません。

そのため、急激な栄養素の変化は、体への違和感を生じさせ、これがストレスとなり、苦労や努力を強いてしまうのです。これが臨界点を超えたとき、「今日だけは食べていい」などのオリジナルルールを追加し、どんどん目的からずれていき、結局、結果が出ずにダイエットを諦めてしまう。という流れが生み出されるケースが多いのです。

ゆえに、美しく痩せたいのであればやはりカロリーコントロールはすべきだと考えています。

これなら、普段の食事の量が減るだけで、体の使い方自体は従来のまま続けられます。もちろん、当初は空腹感が出るでしょうが、人間というのは慣れる生き物です。少ないカロリーでも生きられることを体がわかってくれれば、少ないカロリー量に順応してくれます。

まずは、この状態に体を持っていき、その後、栄養バランスを少しずつ変えていき、糖質を少し制限していくという流れを作ったほうがスムーズに最小の苦労で大きな成果を上げられます。

人は、「摂取エネルギー」が「消費エネルギー」を上回ると太ります。摂取エネルギーとは、食べ物や飲み物から体に入るカロリーの合計。消費エネルギーは、基礎代謝量（安静にして何もしていなくても消費されていくエネルギー）と、活動によって使われるエネルギーの合計です。

①1日の基礎代謝量を計算します。

基礎代謝基準値 ［　　］ × **現在の体重** ［　　］ Kg ＝ ［　A　］ Akcal
（表1参照）

②基礎代謝量をもとに1日の推定エネルギー必要量を計算します。

1日の基礎代謝量 ［　A　］ kcal ×

身体活動レベルの代表値 ［　　］ ＝ ［　B　］ kcal
（表2参照）

［　B　］ － ［（あなたが1日に摂取する9品目のkcal）］ kcal＝ ［　C　kcal］

［　C　］ kcal分、摂取エネルギーより消費エネルギーの方が高まっていることになります。つまり、効率よくダイエットが行えると言えます。

〈表1〉基礎代謝基準値

年齢（歳）	18～29	30～49	50～64	65～74	75以上
女性基礎代謝基準値（kcal/kg/日）	22.1	21.9	20.7	20.7	20.7
男性基礎代謝基準値（kcal/kg/日）	23.7	22.5	21.8	21.5	21.5

〈表2〉身体活動レベルの代表値

身体活動レベル	低い（I）	ふつう（II）	高い（III）
身体活動レベルの代表値（18～64歳）	1.50	1.75	2.00
身体活動レベルの代表値（65～74歳）	1.45	1.70	1.95
身体活動レベルの代表値（75歳以上）	1.40	1.65	―
日常生活の内容	生活の大部分が座位で、静的な活動が中心の場合	座位中心の仕事だが、職場内での移動や立位での作業・接客等、通勤・買い物での歩行、家事、軽いスポーツ、のいずれかを含む場合	移動や立位の多い仕事への従事者。あるいは、スポーツ等余暇における活発な運動習慣を持っている場合

（日本人の食事摂取基準〈2020年版〉）

【運動編】

・やりがちポイント7．運動しないと痩せないから、毎日筋トレ！

多くの人が「キレイになるためには運動しないといけない」と信じているようです。しかし、プロポーションづくりのために運動がかならずしも効果を及ぼすとはかぎりません。

もちろんトレーニングやスポーツによって、みちがえるほどの変化を遂げた女性はたくさんいらっしゃいます。しかし人によっては運動のやりすぎが、逆にプロポーションを崩してしまうこともあるのです。

「筋トレや運動を継続して頑張っているのに、なぜかまったく結果がついてこない」とお悩みの方は少なくありません。じつは、運動しても痩せない原因には、体内の健康状態が関係しています。

筋トレや運動でスタイルアップするためには、筋肉がつくられて脂肪が燃焼するためのベースとなる状態ができ上がっていなくてはなりません。

ところが「いくら運動しても痩せない」という人は、体水分量が少ないことが多いのです。体水分量が少ないと、血液量も不足し血液の循環が悪くなります。すると、筋肉に必要な酸素や栄養が運ばれにくくなり、どんなに筋トレを頑張ったところで、筋肉は作られません。同時に、エネルギーが消費されないので脂肪も燃焼しにくくなるのです。

頑張っているわりに痩せないと、たいていの方が「まだまだトレーニング量が足りないのかもしれない」と、さらに自分を追い込んでしまいます。そうしてますますトレーニングに精を出すのですが、やはり一向に結果が出ず、体力的にも精神的にも疲弊していく……という道のりをたどっていきます。

運動しても痩せないタイプの人は、代謝が落ちている可能性が高いです。運動や筋トレに励む前にまず目指すべきは、「温かくて血流の良い体」。体を温かくして血流を改善する工夫をしましょう。そしてたんぱく質やビタミン、ミネラルなどの栄養をしっかりと体内に入れ、代謝を上げた状態で運動に挑みましょう。この状態で筋トレを続けると、効果が目に見えてわかるようになるはずです。

健康のためには、適度な運動は必要です。

しかし私たちが、お客さまに対して「痩せるために運動をしてください」ということはほぼありません。消費エネルギーを高めるために活動量をできるだけ増やしていただきたいとは思っていますが、体がくたくたに疲れてしまうほど過酷な運動をする必要はまったくないと考えています。

「では、その体水分量を測るにはどうすればいいの?」という方がいらっしゃるでしょう。そこで私どもでは、「体組成計」の使用をおすすめしております。体脂肪率や筋肉量、体水分量、推定骨量、基礎代謝などを調べることができますので、それらのバランスを見れば、その方にとってもっとも効果的な方法がわかるからです。

まずは、自分を知るという意味でも、「計測」から始めてみていただければと思います。

・やりがちポイント8．筋トレを頑張れば、バストを大きくできる

バストアップのために、筋トレを頑張っている女性も多いことでしょう。しかし誤解していただきたくないのが、「いくら筋トレを頑張っても、バストを大きくすることはできない」ということです。

バストはほとんどが脂肪で残りはクーパー靭帯と乳腺でできています。この構造からわかるように、バストの中に筋肉はありません。ですからそもそも、スポ

ーツジムで鍛えられるパーツではないのです。

バストを支える土台的な役割として大胸筋という筋肉がありますので、この大胸筋を鍛えることによって、バストの下垂を防止するトレーニングは可能でしょう。肩や背中周りの動きを左右する小胸筋を鍛えれば、姿勢が整い、バストの位置があがる効果も期待できます。

しかし筋トレでは、バストそのもののボリュームを大きくすることはできません。むしろ、大胸筋を鍛えてしまうことで、バストの幅が広がってしまうため、男性のようなムキッとした幅の広いバストが出来上がってしまいます。

バストアップのためには、女性ホルモンのひとつである「エストロゲン」を増やすことが必要です。しかし、ホルモンそのものを増やすことはできません。そこで、大切になるのが、「エストロゲンと似たはたらきをする成分を摂ること」です。その代表例ともなるのが、「大豆イソフラボン」です。

みなさんも一度は聞いたことがあるかもしれません。大豆イソフラボンは納豆や豆腐などの大豆製品に含まれているため、これらの食材を摂ることは一定の効果が見込まれるでしょう。

しかし、絶対にやってはいけないのがそればかり摂ってしまう偏った食生活です。

実際、大豆イソフラボンの過剰摂取で、女性ホルモンのバランスが崩れ、肌荒れやニキビ、さらに月経異常を起こす可能性も示唆されています。十分注意しましょう。

また、冒頭にもお話ししたように、激しい筋トレや有酸素運動も控えるようにしましょう。激しい運動によって、エネルギーが不足した状態になると、人間の体は、命に別状のない部分の脂肪から燃焼していくといわれています。そのため、内臓まわりの腹部やウエストはなかなか脂肪が落ちないのに、バストが先に痩せていってしまうのです。

「適度」な運動で、バストを落とさないよう意識してみてください。

【生活編】

・やりがちポイント9・若くないと痩せないから、何をやっても意味がない

1章、2章でも触れましたが、「もう若くないのだから、なかなか痩せないのは仕方ない」残念なことに多くの方がそう決めつけ、体型の変化を加齢のせいにして美しくなることを諦めてしまう人が本当に多いのです。

私はこれまで、年代に関係なく美しくなっていく女性をたくさん見てきました。だからこそ胸をはって言えるのですが、「若くないと痩せない」というのはまったくの誤解です。

ダイアナでは1年に1回、プロポーションの美しさを競うコンテスト「ダイアナ ゴールデン・プロポーションアワード」を開催しています。そこには40代や50代はおろか、60代以上の方の参加もあります。

いずれの方もプロポーションづくりに本気で取り組み、ゴールデン・プロポーションを手に入れた女性たちが集い、堂々とレオタードを着てコンテストに出場しています。私はその光景を見るたびに、美しくなるのに年齢は関係ないのだということを心から実感します。

たしかに人は、年齢を重ねるにつれて基礎代謝が下がっていきます。ですから、5年前や10年前とまったく同じやり方でダイエットしても、以前と同じ効果は得にくいでしょう。しかし、今のあなたにもっとも合ったダイエット方法を正しく行うことができれば、確実に結果はあらわれます。

逆に20代の女性であっても、代謝が低く食事バランスが悪い方や、摂取カロリーと消費カロリーのバランスが崩れている方は、隠れ肥満の方も多いもの。

つまり、「若いから」といって一概に痩せやすいわけではないのです。

むしろ、チャレンジ体型からプロポーションづくりをスタートし、そこから理想の体型を目指す場合、40代以降の方はただプロポーションが美しくなるのではなく、理想をつかんだというその喜びから、輝くオーラさえも感じます。

コンテストに出場せずとも、自分としっかり向き合い、正しい方向性で努力できた方は、年代に関係なく人生の喜びをかみしめているのではないでしょうか。

人間の体というのは、非常にたくさんの機能を持っているがゆえに、必要ないと判断すると、その機能を使わないように動作してしまうものです。そのため、これまで乱れた食生活を送っていると、栄養を吸収する機能が衰え、動かなければ、筋力の衰えだけでなく、心臓の働きも弱まり血流も滞ってしまうものです。

年を重ねて、体の各機能が衰えることは否定しませんが、それ以上に日々の生活の乱れからくる衰えのほうが遥かに大きいのです。

ですので、すでにご説明したとおり、プロポーションづくりの過程において、バランスの良い食生活を心がけていると、代謝や血流が大きく改善していきますし、内臓の状態も健康になります。内臓が元気になれば、おのずと必要な栄養素と酸素が血液にのって体を巡り、末端神経や皮膚にも良い影響を与えます。私は、そういう意味で、プロポーションづくりは究極の「アンチエイジング」だと考えています。

アンチエイジングというと多くの方が、お顔のリフトアップやお肌の状態にばかり着目しますが、じつは健康になることこそが、真のアンチエイジングなのです。

プロポーションづくりはお肌を含めた全身の、そして精神のアンチエイジング効果をもたらしていると感じています。すなわち「何歳からでも人は変われる」「美しくなるのに、年齢は関係ない」そうしたポジティブさがまた人を美しくさせるのです。

・やりがちポイント10・絶対痩せる。絶対美しいボディを手に入れる。そのためには何だってやってやる！

とにかくストイックに頑張る。そんな気持ちを掲げて、プロポーションづくりに取り組んでしまう人が大勢いらっしゃいます。

しかし、せっかく高めた気持ちに水を差すのも失礼かと思いますが、この気持ちは結果的に失敗を生み出す温床となってしまうケースがほとんどです。

ダイエットに挫折した経験を持つ方からお話を聞くと、みなさん口々におっしゃるのが「辛くて続かなかった」ということ。

こうした声を聞くたびに、ダイエットは辛いものであり、ストイックにならなければキレイになれないという思い込みが蔓延しているということを痛感します。

では、どうしてそんな風に思い込んでしまうのでしょうか。

これにはさまざまな要因があるように感じています。例えば、学生時代の部活動で激しい運動をして痩せた経験がある場合、「激しい運動をすれば痩せる」という経験がインプットされます。

その経験があるために、「痩せたければ運動は不可欠だ」という思い込みを持ってしまうのでしょう。

また、生活していく中で日本人は「楽をしては成果が得られない」という考えをどこか持っているようにも感じます。

例えば、受験勉強などで無理をして望む結果を得てきた場合、これもまた「苦しい体験をしなければ、成功は得られない」と思い込んでしまう一つの原因になります。

プロポーションづくりも、一見とても難しいことに感じます。だからこそ、「苦しいことをしなければいけない」と思い込んでしまうのでしょう。プロポーションづくり、ダイエットにおいて生活習慣等を変える必要があります。

しかし、最も変えなければならないのは、「苦しくなければ成果は得られない」という思い込みでしょう。「我慢や無理をしないダイエットこそが、一番大事」ということを体感していかなければなりません。

実際、カウンセラーたちの話を聞いていても結果を出されている方は、驚くほど無理や我慢からは遠いところにいるように感じます。心から楽しんでプロポーションづくりに取り組み、気づいたらキレイになっていた……。本当にそのような方ばかりなのです。

こうして比べること自体ナンセンスかもしれませんが、男性は「ハードな筋トレ」や「自分を追い込むダイエット」で、成果を得ることが性質的に適しているのでしょう。しかし、女性は違います。

辛い状況下で何かを頑張るよりも、ストレスなく幸福感に満たされた状態で取り組む方が、格段にすばらしい結果を出すのです。しかもそれは、私が考えた理論ではなく、多くのお客様から教えられたことなのです。

カウンセラーたちはお客様に対して、決して無理難題を押しつけるようなことはしません。過酷な運動やトレーニングを強いるのではなく、定期的なサイズ計測や簡単なマッサージなど、誰にでもできることから始めるように提案しています。

また、辛い食事制限ではなく、毎日栄養をたっぷり摂って美味しく食べることを勧めています。しばらくすると、辛くて苦しいことはいっさいやっていないのに、少しずつウエストがサイズダウンして、メリハリができていく自分の体の変化に気づきはじめます。そうすると「もっとキレイになりたい」という思いに拍車がかかり、ますます結果がついてくるのです。

みなさんもこれからダイエットを始めるときにはまず、「自分を幸せなご機嫌な状態におくこと」を意識して、取り組んでいただければと思います。

・やりがちポイント11・　たった1カ月や2カ月では、結果は変わらない

ダイエットは短期間では効果が出ないと考えている方も多いようです。「最低でも3カ月以上はやらないと効果が出ないかも…」そんなふうに考えると少し気が遠くなり、最初からハードルが高いと感じるかもしれません。

しかし、2章でもお伝えしたとおり、プロポーションづくりは、キログラムではなくセンチメートルです。

筋肉は脂肪よりも重いため、ダイエットを始めて、食事や運動に気を使うとどうしても筋力が向上します。そのため、始めたばかりの頃は、食事制限による体重の減少はありますが、その後は筋肉がつくため、2~3週間以降は体重の変化は小さくなっていくものです。

ただ、体重の変化はなくても、腕周り、脚周りなど各部位のセンチメートルは確実に減っているので、効果をしっかりと数値で確認することができます。

何より、体重は公表しなければ誰にもバレませんが、プロポーションという見た目は、自分が何も口に出さずとも誰もがその変化を認識してくれます。

ですから、あまり体重は気にせず、サイズの変化に着目していただくと、1カ月、2カ月でもその効果は実感できます。

とはいえ、やはり体重が気になる、という人も多いと思います。

そのような人は、やはり、プロの手を借りるというのが一番の方法ではないでしょうか。

実際に、お客様の中には「どうしても1カ月後までに〇キロ痩せたいんです！」と言って駆け込んでこられる方もいらっしゃいます。その場合は、食事指導、補整下着の使用、マッサージなど、全方向から徹底的にアプローチすることで、最短で結果を導くようサポートします。

脂肪1キロを消費するためには、7、200kcalのエネルギーが必要だといわれています。

これをもとに計算すれば、「1カ月で○キロ体重を落としたい」という人に対して、何kcal消費エネルギーを多くすればよいのか、あるいは何kcal摂取エネルギーをおさえるべきなのかが算出できるので、そこから最適なダイエット方法が導き出されます。

「1週間や2週間で劇的に変われるダイエット法があったらいいのに……」と思われる方もいらっしゃるかもしれません。しかしあまりに即効性を追及しようとすると、人は単品ダイエットなど極端な方法に走りがちです。結果的にリバウンドを繰り返し、太りやすい体質になってしまうので、長期的に考えると逆効果です。

一人で急なダイエットに取り組むと、前述のような可能性を高めてしまうことになりかねません。「再来月にどうしても痩せなければいけない」など緊急性を要したダイエットが必要なときは、痩せた後の健康状態などを考えると、やはり、私共やパーソナルトレーナーなど体の仕組みに精通した専門家の手を借りることをおすすめします。

・やりがちポイント12・毎日湯船につからず、シャワーで済ませてしまう

毎日疲れて仕事から帰ってきて、1秒でも早く寝たいという思いから、お風呂に入らずシャワーだけで済ませてしまう……そんな方も多いのではないでしょうか。

たしかにお風呂に入るためには、お風呂を掃除して、湯船にお湯を張って、長い時間湯船につかる。と、時間も手間もかかってしまいます。それに対して、シャワーなら蛇口をひねるだけ、10分程度で風呂場から上がれるので、手軽さとい

う意味では断然シャワーのほうが良いと感じることでしょう。

しかし、毎日肩までお風呂につかっている人と、10分でシャワーを済ませてしまう人では、血流の良し悪しに圧倒的な差が生まれます。

脂肪が燃焼しやすい体を作るには、代謝を上げること。毎日最低でも15分以上はお風呂に浸かるようにして、体をしっかり温めましょう。体に良いとされているお風呂の温度にもさまざまな説がありますが、「自分がもっとも気持ちよくて温かいと感じる温度にすること」です。

一つの目安は40℃~42℃ですが、体調や季節によって温度を変えてもOKです。

また、血行を良くするには入浴時のマッサージも効果的です。

・やりがちポイント13・　体を締め付けないというポイントで下着を選んでいる

もしもあなたが、「下着なんかでプロポーションは変わらない」と信じているのだとしたら、それは大きな間違いです。

3章を読んでおわかりいただいたように、美しいバストを作るカギとなるのは正しいブラジャーを選ぶこと。そして、ウエストやヒップのラインは補整下着で大きく変わります。

まさにメリハリボディをつくるのは下着であるといっても過言ではありません。カウンセラー曰く「下着を適当に選んでいるなんて、本当にもったいない。下着を変えるだけでプロポーションは整ってくる」といいます。私もこの考え方に賛成です。

下着の本来の役割は、散らばった余分なたるみを集めて本来あるべき位置に戻して、整えること。前項で、「筋トレでバストを大きくすることはできない」とお伝えしましたが、下着の力を借りればバストのボリュームは変わります。

バストはほとんどが脂肪細胞でできているため、ボリュームが足りないという方には、時にもっとしっかり食べて2、3キロ体重を増やすようアドバイスすることもあります。するとみなさん、「バストだけでなく、ウエストやお腹まわりにも脂肪がついてしまうのでは……」と心配されることがほとんど。

ところが下着を正しくつけている状態ですと、バストやヒップには脂肪がつきますが、ウエストにはつきません。

これは、体のパーツに「脂肪がつかないよう覚えこませる」からです。

「ええ？　そんなことが本当に可能なの？」とみなさん驚かれますが、事実、プロポーションづくりでは、背中や脇のたるみをバストに寄せ、太もものたるみはヒップを寄せ、ウエストのたるみは上に持ちあげて……という状態をそれぞれのパーツに覚えさせ、体をつくっていきます。

バストやヒップにもともとボリュームがない女性でも、下着をきちんとつけていれば、理想のメリハリあるプロポーションをつくることができます。


少し余談ですが、ダイアナでは、ファーストブラの開発もおこなっており、活動の一環として小学生にファーストブラを配布することがあります。もちろん、小学生には、プロポーションづくりのために、というよりも、正しい下着の着用方法や下着の持つ意義などを伝え、下着が体にとっていかに重要かをお話しさせていただくのですが、その際に誰よりも驚かれるのがお母さまたちです。

下着の重要性というのは、知っているようで、言葉として聞くことがないので、子ども以上に真剣に耳を傾けて聞く姿を毎回目にすることになります。

このことからも分かる通り、正しい下着選びができる人は少なく、それゆえに何十年も間違った着け方をし、それが、下着でプロポーションは変えられないという誤解に繋がっているのだと、ひしひしと感じる機会となっています。

「パーツの位置や、ボディのプロポーションは努力しても変えられないものだ」と思い込んでいるならば、ぜひとも一度、正しい下着選び、着用法でつけてみてください。きっと、鏡の中に、今までとは打って変わった自分の姿を見ることができるはずです。

・やりがちポイント14・　補整下着はキツくて苦しいからつけない

「補整下着はキツくて苦しいものだ」という思い込みが定着しているようですが、ダイアナではじめて補整下着を身につけたお客様は、みなさん真逆のことをおっ

しゃいます。

大半の方が「補整下着がこんなに楽なものとは思いませんでした」「こんなに楽でいいのでしょうか」と口にされ、中には「気持ちいい」「ずっとつけていたくなるくらいです」と言ってくださる方もいるほどです。

実際に、当社では、24時間つけていても辛くないような補整下着の開発に従事しているため、このような声をいただけるのは感銘の至りとありがたく受け止めさせていただいていますが、しかし、補整下着のイメージは、まだまだ改善されていないと感じてもいます。

ダイアナでは、創業以来あえて「補正下着」ではなく「補整下着」という漢字を使ってきました。

一般的に「補正下着」というと体を締め付け、シルエットを無理やり矯正するようなイメージを持たれがちですし、そのような補正下着があるのも事実です。

対して、補整下着の役割は、2つあります。

1つは、必要な箇所にのみ圧を与えて、体の曲線やラインをつくること。

そしてもう1つは、姿勢を正し筋肉を整え、体を楽に使えるようにすること。

いまお使いのものが、こうした役割を果たしているか、今一度見直してみていただければ幸いです。

もし、本書を読み、少しでも補整下着に興味を持ったのなら、ぜひ一度、下着屋さんやネットショップを使って試してみてください。

補正下着をつけたときに「きつい」「苦しい」と感じたのなら、それは、ただシルエットづくりのための「補正下着」です。

無理やり体を締め付けるような補正下着は、血流を阻害して逆にむくんでしまいます。こうした状態がみられたら、着用は避けた方がいいでしょう。

一方、姿勢が正されるような気持ちになり、苦しいと感じてしまうほどの圧迫感がないのならば、付け続けることで、散らばったたるみをあるべき位置へと導くことができる「補整下着」です。

この違いをしっかりと認識していれば、それだけで補整下着を選ぶ目安は完璧です。

・やりがちポイント15・　こっそりプロポーションづくりをして、見違えた自分を見せて驚かせたい

当サロンにこられる初回のお客様が口をそろえておっしゃることがあります。

それが
「家族には内緒でプロポーションづくりをして、家族の驚く顔が見たいんです」

「友人たちにキレイな姿を見せて、すごいねって言ってほしい」ということです。

おそらく、これまでもダイエットやプロポーションづくりを頑張ってこられて、「これを最後にしたい」「自分の頑張りを認めてほしい」という本音から出た言葉なのでしょう。


しかし、私どもはできれば「プロポーションづくりはみなさんにオープンにしていただきたい」と思っています。

それはなぜなのか。

プロポーションづくりをオープンにして行った方が、早い効果が望めるからで

す。

「減量や、サイズダウンが楽しんでできる」フェーズに行くためには、どうしても一定の時間がかかります。そのプロセスには、食事制限する姿を見せたり、ストレッチ等の新たな運動習慣を見せたりする場合があるでしょう。その際に隠し事をしてしまうと、ご自身に余計なストレスがかかり、体型づくりにマイナスの感情が加わってしまいます。

それよりも、すっきりとオープンに話しプラスの感情で進めたほうが、心にストレスがかかることもなく良い結果を生みやすいのです。

家族にプロポーションづくりを共有したことで「ママ、頑張ってるんだね」「それなら私も一緒に頑張る！」といった応援を得ることができ、家族でプロポーションづくりに取り組むことができた……そんな成功例も数多く当社には寄せられています。

また友人や家族で外食をすることになった時も、プロポーションづくりに取り組んでいることを公言しておけば周りから、食事についてあれこれ聞かれることも少なくなり、気持ちも楽になるはずです。

「いま、こんなことをして減量しているのよ」といった話や、サイズがダウンしてきて嬉しい気持ちなどを共有することもできるでしょうし、あるいは「プロポーションが整ったときのために、サイズの小さい服を買ったのよ！」「きれいになった自分で、久しぶりにデートを楽しみたいな」なんていう話を仲の良いお友達としてもいいですよね。目標を身近な人に話すことできっと、モチベーションもアップすると思います。

心の起伏をぜひ周りの人と共有することは、美しいボディラインにつながる。ぜひこのことも覚えておいていただければと思います。

良い習慣を作るコツとは

ここまでご紹介したように、「プロポーションづくりのためにやりがちなこと」は数多く存在します。美しいプロポーションを育てるためには、こうした間違いをひとつずつ正していかなければなりません。

これまで知らず知らずのうちに手を出していた悪習慣をきっぱりと断ち切り「体にとって良い習慣」にシフトチェンジしていきましょう。

習慣化のためには、何事も最低2カ月継続させることが必要だとすでにお伝えしました。サイズ計測もエクササイズも、栄養バランスを配慮した食生活も、たった数日や数週間では効果を感じにくいものです。

2カ月続けた時点ではじめて目に見えるような体の変化を感じはじめ、そこからはみるみるうちに美しくなっていくからです。

といっても、2カ月って意外と短いようで長いですよね。

最初は意気込んでスタートを切ったものの、辛くなって途中で挫折してしまい、そのたびに「やっぱり私には忍耐力がないから無理なんだ……」と自己嫌悪に陥ってしまったり、「悪い習慣」が定着するのはあっという間なのに、「良い習慣」を作るのはなぜこんなにも難しいのだろう……と、悩んでしまう方も多いと思います。

しかし実は、良い習慣を作るのに忍耐力や根性はさほど重要ではないのです。そこで、「良い習慣を作るための3つのコツ」をみなさんにお伝えしていきたいと思います。

① 無理はしない

良い習慣を作るコツのひとつめ。それは「無理をしない」ということです。「頑張らなければ、良い習慣は身につかない」と思っている方にとっては、意外に感じるかもしれません。しかしまずは、この思い込みをやめるところからはじめましょう。

「頑張らなければいけない」という思い込みがあると、自分を常に奮い立たせ、限界まで追い込んでいる精神状態が続きます。すると無理がたたり、ふとした瞬間に張り詰めた糸が切れるように、すべてを投げ出したい気持ちが生まれ、結果として挫折につながってしまうのです。ですから「辛いときは無理をしない」という開き直りがとても大切です。

たとえば、毎朝いつもより1時間早起きをしてオンラインヨガを始めたとしましょう。1日も欠かさず続けることを目標にしているけれど、仕事が繁忙期で体はクタクタ。どうしても朝早く起きるのが辛い……。そんな時もあるかもしれません。しかしそれなら、1日くらいヨガを休んで朝寝坊してもいいのです。心身ともにリフレッシュした状態で、またその次の日から再スタートすれば良いだけのお話。それが継続につながっていきます。ですから辛いときは、思いきって休んでしまいましょう。

大事なのはそのときに、自分を責めたりしないことです。「また続けられなかった。自分はダメな人間だ」などと決めつけて、すべてがどうでもよくなり、投げ出してしまう人がいますが、人の習慣というのはそもそもじっくりと作られていくもの。焦りは禁物です。

とはいえ、運動にしろ食事にしろ、今までと違うことを始めると、どうしてもストレスは感じてしまうものです。

ですから、このストレスすべてを回避していいわけでもありません。

やはり、目標に向かうためには、少しの我慢も時には必要です。

すなわち、過剰な無理は禁物ですが、少しの頑張りは持っていてもらいたいのです。

では、その少しの頑張りをどうやって自分の中から導き出せば良いのかというと、サボってしまったときに自分を責めず、逆にうまくやれたときには自分を褒めてあげればよいのです。

「今日はお風呂あがりのエクササイズを、いつもより念入りに行うことができた」
「今週は会社帰りに1駅分多く歩いてみた」
「帰りにいつも缶ビールを買ってしまうのが癖になっていたけれど、今日はまっすぐ帰宅した」

このように些細なことでかまいません。「できた」と思ったときは、自分のことを「すごい！」と、思いっきり褒めてください。そしてそのときの快感をしっかり覚えておきましょう。

これが少しの頑張りを導き出す秘訣です。

小さな成功体験の積み重ねは、自信を生み出し、さらなる成功へと繋がります。小さな「できた」の繰り返しが「自分はできる」に変わり、それまで難しいことのように感じていた習慣化のハードルを一気に下げてくれるはずです。

また、最初から目標値を高く設定しすぎないことも重要です。

たとえば「毎日サイズチェックをする」という目標を立てる場合も、いきなり毎日を目標にするのではなく、最初は週初めと週末だけやってみる。それができるようになったら、毎日サイズ測定することを目指していく……というふうに、簡単なことからはじめて、段階を踏んで難易度を上げていくことをおすすめします。

・②イメージを持つ

良い習慣を作るための2つめのコツは、「なりたい自分」のイメージを明確に持つことです。

これはプロポーションづくりやダイエットに限った話ではなく、ビジネスやスポーツなど全般において言えることなのですが、人が目標を達成できるかどうかは、ゴールした時の自分をどれだけ具体的にイメージできるかにかかっています。

言葉ではなく、自分がゴールした時の姿を映像でイメージすること。理想の姿やなりたい自分をしっかり描けていると、そこに到達したいというモチベーションが高まり、継続を生み出します。

とはいえ、自分とまったく異なる世代や体型のモデルなど、あまりにかけ離れた理想像をイメージしたところで逆効果です。本来のあなたが持つ魅力を無視した、実現可能性の低い目標計画となってしまいます。

2章で、ご自身の年齢や身長に基づいたゴールデン・プロポーションについては詳しく解説しましたが、そちらを参考にしたうえで確実に実現可能なゴールを描きましょう。

その際に必要となってくるのが、3章でもお話したサイズ計測です。ご自身のサイズの現状を把握し、理想のサイズと比較することによって、どの部分をどのくらい変えるべきなのかが明確になります。

「バストとヒップは理想値に近いから、ウエストを何センチ絞れば理想のプロポーションに近づける」といったように、数値の目安をもとに、目標を達成したときの自分の姿を脳内に描いてみてください。このとき脳内で映像化した「なりたい自分の姿」を常に意識することで、モチベーションが維持され、ダイエットが習慣化しやすくなるでしょう。

ゴールを具体的にイメージするもうひとつの方法が、「憧れの女性像」を持つこと。芸能人や著名人でもかまいませんし、あなたが「素敵だな」「美しいな」と感じる、身近にいる女性でもかまいません。

憧れの女性像が見つかったら、外見だけでなくその女性がどんな価値観を持ち、美しさのためにどんなライフスタイルを送っているのかにまで踏み込んでみましょう。美しい女性は必ず、美しさを維持するために日頃の生活の中にさまざまな工夫を取り入れているものです。さらには価値観やマインドにも触れることで、思わぬ発見があるかもしれません。

こうして取り入れた情報や知識を、あなたの生活の中にもどんどん取り入れていただきたいのです。理想の女性と同じライフスタイルを送るイメージです。次第に、体と心の両面において、良い習慣が定着していくでしょう。

数値化されたデータを指標にするだけでなく、ゴールを脳内で映像化することが非常に大切です。あなた自身が、理想のプロポーションを手に入れた未来をはっきりとイメージし、「自分は必ずそうなれる」と強く信じること。目標を達成した姿を何度も繰り返しイメージすることで、脳は錯覚を起こし、ゴールに向けて自動的に行動を起こすようになると言われています。するとあれほど辛いと思っていたはずの「継続」が自然とできるようになっていき、習慣が定着していくのです。

・③一緒に頑張る仲間を作る

良い習慣作りのための3つめのコツは、仲間を作るということです。

習慣を定着させるには、「仲間」や「コミュニティ」の存在がとても有効です。たったひとりで目標に向かって突き進むよりも、励まし合ったり刺激し合ったりできる仲間がいた方が、継続させることが何倍も楽になるのです。

学生時代に部活動をやっていた方であれば、すぐにイメージが膨らむかもしれません。過酷な練習を毎日頑張ることができたのは、同じ部活の仲間たちがいたからに他ならないでしょう。時に励ましあい、競い合う仲間の存在は、良い習慣を作るための大きな手助けとなります。


一緒に頑張る仲間がいると、次のようなメリットが生まれます。

・辛いことが楽しいことに変わる

・自分のモチベーションが落ちている時も、相手から刺激を受けることで継続できる

・周囲に宣言し、やらざるをえない状況に追い込むことで挫折しにくい

プロポーションづくりもたったひとりで頑張るのではなく、親しい友人や家族に「宣言」をしたうえで、サイズ計測やエクササイズ、食事管理などを行なっていきましょう。

一緒に伴走してくれる仲間がいると、なお望ましいです。ダイアナのサロンでも、カウンセラーがメンバーたちの伴走役となり、プロポーションづくりを一緒に行なっています。良い結果が出たときはしっかりと褒めること。逆に思い通りにいかないときも、励ますこと。小さなことですが、この繰り返しがモチベーション維持につながり、たくさんのメンバー様がみちがえるようなプロポーションの変化を遂げています。

Chapter 5

プロポーションづくりのプロの現場から

〜95万人のデータからわかった良いプロポーションを維持するゴールデンルール〜

プロを頼ったプロポーションづくりとはどのようなものか

これまで紹介してきたことで、プロポーションづくりの秘訣や法則については、ほぼお話しさせていただきました。

キログラムではなくセンチメートルでプロポーションをつくること、ついついやってしまいがちな「やりがちポイント」を回避すること。

これらのことを踏まえて、実践に至れば、多くの人が結果を出せると確信しております。

しかし、同時にこのようにも思います。

「もし、これらのことを知った上で弊社を訪れていただいたら、もっと面白い体験をご提供できるのに」

そこで、本章では、あくまで蛇足ではありますが、弊社ダイアナが、お客様に対して、どのようにアプローチし、成果を上げて頂いているのかについてご紹介したいと思います。

プロポーションづくりのプロとして、様々なアプローチでお客様と接しているため、個人の方々には参考にならない部分もあるかもしれませんが、それでもプロポーションづくりの考え方はこれまで話してきたことと同じです。

ここを読んでいただき、自分のプロポーションづくりの参考になることがあれば、それも取り入れて、美と健康を手にいただければ幸いです。

年齢に関係なく、皆が悩んでいるからどんな人にも対応できる

ダイアナのサロンにいらっしゃるのは20代から60代の女性が中心ですが、中には70代以上の方もいらっしゃいます。プロポーションについてのお悩みは、全世代の女性が抱えているものです。

実際にダイアナのサロンにも、20代~90代まで本当に幅広い方々が来店し、日々プロポーションづくりに精を出して取り組んでおられます。

「年齢が若ければ簡単に痩せられる」と思われがちですが、20代には20代、30代であれば30代ならではのお悩みがあるもの。各年代の体質、ライフステージに応じた生活習慣によって、皆さんが抱えているお悩みの種類も異なります。では、改めて各年代ごとのダイエットの傾向や失敗要因を見ていきましょう。

20代は、上の世代と比較すると基礎代謝量が高く「食べなければすぐ体重が落ちる」傾向にあります。しかしそこが落とし穴。体重が落ちやすいからといって即効性を求め、健康面を無視したダイエットに手を出しやすいからです。

「食べないダイエット」をすることにより、体内には必要な栄養素が足りていません。すると代謝が下がり、脂肪は燃焼されずに「隠れ肥満」を引き起こしてしまいます。一見痩せているように見えるのに、体組成計で測ると驚くほど体脂肪率が高い方が20代には多く見られます。

デジタルネイティブ世代である20代は、情報収集力に長けています。美容やダイエットについても、プロ顔負けの知識量を誇る人も珍しくありませんし、美意識の高さには私たちでさえも驚かされることがあります。

最近は女優やモデルの方たちも、ＳＮＳなどを通じて栄養バランスや健康状態を重視したダイエットを推奨していますし、情報をきちんと取捨選択すれば、正しい知識をつけることができます。

一方で、間違った情報を鵜呑みにしてしまったり、自己流のダイエットに走って健康を損ねてしまう方もまだまだ多いのが現実です。

20代は30代や40代に比べると、「たるみ」など、目に見える加齢の変化を自覚しづらいです。それよりも「二の腕が太い」「ウエストがくびれていない」など、体型や体重にばかり気を取られがちですが、本人が気づいていないだけで、下垂は20代から始まっています。

それなのに体重を気にしてばかりで、正しい下着選びなどのケアをおざなりにしていると、知らず知らずのうちに体型が崩れていることもあります。その時は気づきにくいものですが、若い頃にケアを怠った代償は、30代以降にあらわれます。

年齢によるシルエットや体質の変化が顕著に体にあらわれやすくなるのが、30代以降です。お腹まわりなど下半身の脂肪やたるみ、肩こりによる背中のぜい肉、頬のたるみや二重顎など、お悩みも多岐にわたります。

プロポーションづくりのプロの現場から

「20代のころと同じダイエットをやっても効果が出にくくなった」
「30代半ばから急に痩せにくくなった」
「出産後、体型がなかなか戻らない」

皆さんの中にも、30代以降の加齢による体の変化にどう対応したらいいのかわからない方がいらっしゃるのではないでしょうか。「自分の老化を受け入れられない」とおっしゃる方もいます。そして「なんとかして体型を戻さなくちゃ！」と焦るあまり、自己流のプロポーションづくりに走ってしまいがちです。とくに子育て世代の方は、自分のことはつい後まわしになりがち。キレイになりたいという思いはあるけれど、子どもや夫、家のことが優先になって、自分の美容やダイエットは二の次。なかなか時間とお金をつかえないというジレンマを抱えています。

だからこそ限られた時間の中でできるだけ手軽にできるダイエットに走ってしまうのでしょう。お昼の情報番組で「これを食べたら痩せました！」という特集を見てスーパーに走ったり、最近キレイになったママ友がやっていたダイエット法をそのまま真似したり…。「簡単にキレイになれそう」と思ったら何でも試したくなってしまい、誤ったダイエットや美容の情報に踊らされてしまうのです。

40代、50代以降は、ますます加齢による体の変化に直面します。筋肉が衰えていくので下垂がさらに進行し、基礎代謝量も低下するため、体重が増加しやすくなります。「お腹が出ているだけでなく、ハリがなくなり下に垂れてきた」というように、たるみと脂肪のダブルパンチに悩んでいる方が多いです。

さらに、更年期とともにホルモンバランスが崩れ、お腹まわりや骨盤周りが太くなりはじめます。下垂がさらに進むと、お尻は削ぎ落ちて膝上に脂肪がたまります。

60代、70代は、筋肉の衰えによるトラブルが深刻化。歩き方のバランスが崩れ、体を支えきれずさまざまな箇所に負荷がかかり、あちこちが痛いという状態が生じます。外見だけでなく健康上の課題が増えていくため、健康面を重視した適正

な処置が求められていきます。

こうして見てみると、女性は生涯を通じて美しさを追求しているのだということがわかります。

年代を問わず誰もが「美」に対する悩みを抱え、美しくなりたいと願っているのです。

「あなたもキレイになれる」ことを95万人のデータが証明している

ダイアナに初めて来店するお客様の中にも、「これまでいろんなダイエット法を試してきたけど、リバウンドしてしまった」「キレイにはなりたいけれど、自分がそこまで劇的に変われるとは思えない」と後ろ向きの方が多くいらっしゃいます。ゴールデン・プロポーションになりたい思いはあるものの、自分がそこに到達できるイメージが全く湧かないというのです。

また、それだけではありません。

「この方法を毎日続けたら、何週間で結果が出るんだろう」

「1日何分この運動をすれば痩せられるんだろう」

「そもそもこの方法が自分に合っているのかしら?」

お悩みを抱えたままダイアナを利用しなくなってしまう、そんなお客様もいらっしゃいます。

そういったお悩みはむしろ自然に出た本音なのでしょう。そういった不安やお悩みを解決できないか。

カウンセラーと共に理想の体型づくりを行っていくだけでは足りない、と感じていたのです。その課題意識から生まれたのが、「ＡＩボディプランニング」です。「ＡＩボディプランニング」とは、ダイアナが独自に開発したシステムで、２０２２年10月から本格導入いたしました。

ご自身の身長と体重、年齢などを入力すると、ご自身にほぼ近い条件の人たちのデータを抽出し、20名前後をピックアップ。その20名の方がどのようなメニューを行い、どう変わっているのか、そのプロセスまでを具体的に見ることができる画期的なシステムです。不思議なもので、同じような身長や体重、年齢の女性同士を比べると、体型も似かよっていることが多いのです。体重やサイズの変化だけでなく、その方たちがどんな下着や化粧品を使い、どんなボディケアをしたのか、どのように生活習慣を改善したかなど、理想のプロポーションをどのようにして手に入れていったのか、プロセスも知ることができます。

実際、「ＡＩボディプランニング」を導入したことで、ご自身と同じような身長、体重、年齢だった方が、数カ月後、あるいは半年後や1年後はどのように変わっているのかという実績を知ることで「自分もこのようなメニューを行えば体型を変えることができるんだ」と理解していただけるようになりました。いってみれば、膨大なデータがあるからこそ、ご自身と似かよった条件を持つ方が見つかるのです。これはダイアナ独自の強みといってもいいでしょう。

さらに今後ダイアナでは、ＡＩに集積された膨大なデータにもとづきダイアナサロンのカウンセラーが適切なアドバイスを行える「ＡＩ音声アドバイス」を実装する予定です。理想の体型を目指すお客様の伴走者として、きめ細やかなサポートを今後も続けていきたいと考えております。

なお、一部サービスは、ログイン等しなくてもご利用いただけます。ぜひ「ＡＩボディプランニング」で検索してみください。

客観的データと主観的インプレッションがすべてを決める

前項で述べたように、私たちダイアナの一番の強みは、95万人の女性を分析してきたことによる「客観的データ」を持ち合わせているということです。つまり私たちのプロポーションづくりの方法は、実際に効果があるという裏づけがあるのです。お客さまをサポートするカウンセラーたちも、一人ひとり異なる年齢、体型のお客さまに対して、「その方が何を行なえばどのくらい結果が出るか」という事実をデータを通じて把握しているため、自信を持ってサポートができるという側面を持っています。また、お客様の身体を3Dで立体的に計測できる「3Dボディスキャナー」を10年以上活用しておりましたが、さらにパワーアップした進化版が導入される予定です。計測の方法はいたって簡単。「ボディスキャナーブース」に立っているだけです。ブース内で2秒ほど静止いただくと撮影が終わります。

身長、バスト、アンダーバスト、ウエスト、ヒップ、ミドルヒップ、太もも、ふくらはぎがごく短時間で測れるほか、理想体型や過去体型との比較をすることもできるのです。体の凹凸をわかりやすく可視化できることから、よりご自身の体型をイメージしやすくなりました。リアルな体型か、マネキン調のアイコンか選択可能。また、計測したデータは、スマートフォンやＰＣでいつでもどこでも確認することができます。

自身の体型を「サイズで見ることが大事」と全編にわたってお伝えしてまいりましたが、３Ｄボディスキャナーを使うことによって自身の体をより客観的にイメージすることができるのです。


しかし、実はデータだけでは理想的なボディになることはできません。

もうひとつ重要なのが「主観的インプレッション」です。美しい女性がどんな価値観を持ち、どんなライフスタイルを送っているのか、どんな健康習慣があるかなど、美しい女性たちには必ず「共通項」があります。

みなさんもモデルさんなどが続けている習慣などを聞いて「私も真似してみたい」と思ったことがあるでしょう。やはり、プロポーションを維持している方には、その人なりの「ルーティン」を持っているのです。

これらはデータでは証明できるものではありません。ここまで繰り返し、データサイエンスの強みをお伝えしてきたのに矛盾するようですが、データや数値では決して証明できない真実は存在します。

経験によって積み重ねられた「知」が、主観的インプレッションといってよいでしょう。ダイアナのカウンセラーたちもまた数多くのお客様を実際に見てきた経験の積み重ねによりこうした「美の法則」を持っているのです。

それは例えるなら「職人が磨いてきた技」に近いものかもしれません。職人さんたちは絶えずひとつの作品をつくり上げることによって自らの中に経験をインプットしていきます。そのインプットが、安定した品質を生み出し、ときに多くの人の感動を呼ぶのでしょう。私たちダイアナのカウンセラーもまた、職人技と呼ばれる多くの知恵と知識を持っているのです。

多くの女性が「美しくなりたい」と願っているものの、自分の思い描く理想の姿になるにはどうしたらよいのかを、本当に理解できている方は一握り。一生懸命努力しているはずなのに、思いどおりの結果が出せないということは最も避けなければなりません。

特に「美」に関する流行は、回転が非常に速く、世に溢れている情報量も膨大です。その中から「自分に本当にふさわしい美容法」を取捨選択するのは、非常に難易度が高いといわざるを得ません。

だからこそ、データと経験の両方を組み合わせて最適な方法を選ぶことが「美」には必要不可欠なのです。

プロの力を借りるメリットとは

さて、本書でもたびたび登場しているお客様のプロポーションづくりをサポートする「カウンセラー」ですが、正式名称は「チーフプロポーションカウンセラー」（以降チーフ）といいます。彼女たちが行うことは、主に「ボディチェック」と「ビューティレッスン」。もちろん、初回のコンサルティング以降も、お客様には定期的にダイアナサロンに足を運んでいただき、ボディチェックやアドバイスを行っていきます。

中でも、ボディチェックはとても重要だと考えています。

ボディチェックの一番の目的は、理想のプロポーションとご自身のサイズがどれだけ離れているのかを確認すること、意識することだからです。

サロンでは、計測データをもとにPIを算出し、そこからメリハリゴールドに向けて目標を立てていきます。また、体組成計での計測による健康状態のチェックを行いながら、食生活や必要な運動などの具体的な行動指針についてお客様にお伝えします。

もちろん、こうしたボディチェックは週1回など、定期的にご自身で行っていただきたいと思います。しかし、もしみなさんが「確実な結果を出したい」と考えるのであれば、できるかぎりプロのサポートを受けていただきたいと思っています。その大きな理由は「ご自身で頑張り続けるには限界があるから」です。

自己流で、プロポーションをつくっていく。それもたしかに一つの選択肢ではあるでしょう。

しかし、栄養バランスに気を配りながらカロリーコントロールをして、自分にもっとも合った下着を選び、もっとも効果的なボディケアを行う……ということをすべて自力で行うのには、限界があります。

プロポーションづくりのプロセスには、ダイエットでいうところの「停滞期」が訪れます。痩せにくくなってしまったり、モチベーションが続かなかったりして、思うような結果が出ないのです。

そうなると、これまでやってきた方法が正しいのにも関わらず、違う方法を試してしまったり、そもそも正しい方法を辞めてしまったりと軸がブレてしまうのです。こうしたことを防ぐためにも、第三者の存在は大きいといえるでしょう。

私たちがサロンでのボディチェックを推奨している理由はほかにもあります。それは「体の変化を細かく分析してもらうため」です。

「太っていると思っていたけれど実は体重は理想値で、課題はメリハリとバランスを意識することだった」
「ブラジャーのサイズが実は間違っていた」
「筋トレばかり頑張っていたけれど、運動よりも体水分が低いのが痩せにくい原因だった」など、プロに体を見てもらうことで、思わぬ発見につながることが多くあります。

こういった気づきは、自分一人ではなかなか得られるものではありません。あなたの体を隅々までチェックし、小さな変化も見逃さずにサポートしてくれるチーフがいるからこそわかるのです。

全国約730カ所でフランチャイズ展開するダイアナですが、各店舗にこのチーフが在籍しています。厳しい研修と審査基準を満たした美のプロフェッショナルだけが、チーフになることができるのですが、実はチーフの多くは、もともとはダイアナのお客様だった人たちです。

ダイアナによってキレイになれたからこそ、その喜びをもっと多くの女性に知ってほしい、自分がダイアナを通じて知ったビューティメソッドをもっと広めていきたいという思いがきっかけとなっています。

自身がお客様だったチーフは、プロポーションづくりにおいてつまづきやすいポイントをつかんでいます。「自身も体験してきたこと」だからこそ、説得力を持ってお客様に、ティーチングできるのです。

女性たちの「サードプレイス」として

ダイアナサロンでは、プロポーションづくりの一環として、ボディケア、ヘルスケア、スキンケアなどテーマごとに「ビューティレッスン」を行っています。

ビューティレッスンでは、さまざまなビューティメソッドを学ぶだけでなく、サロンのメンバーの方たちが集う場にもなっており、定期的にレッスンが開催されています。「プロポーション編」では下着の着用方法を学んだり、「ボディケア編」ではマッサージ方法、「ヘルスケア編」では食事や栄養について講習を受けたりして、習い事感覚でさまざまな知識を身につけながら、メンバー様同士の交流を図っています。

ビューティレッスンの会場を覗くと、大変和気あいあいとした雰囲気の中で、皆さんが脚を出しあって、マッサージの講習会をしている光景も見られます。

年齢も職業も関係なく「キレイになりたい」という共通の思いだけで集まった女性たち。そこはまさに「サードプレイス」と呼ばれる場所です。

一歩外に出れば「誰々ちゃんのお母さん」「誰々さんの奥さん」と呼ばれるのに、その場所では当たり前のように名前で呼ばれる。本当の自分を取り戻したようで嬉しい、とおっしゃってくれる方もいらっしゃいます。


ビューティレッスンの講義を行うのは、チーフだけにとどまりません。ダイアナ歴が長く、ボディケアや商品のことを熟知しているメンバー様に講師となってもらい、メンバー間で教え合うこともあるのです。

ダイアナが発売しているコスメティックライン「ディアナージュ」では、メンバー様の中で一定の条件を満たした方を、ディアナージュカウンセラーに認定する仕組みも設けています。ビューティレッスンでは、ディアナージュカウンセラーによるメイクアップ講習も行われています。

こうして、学ぶだけでなく、誰かに教えて喜んでもらうことに喜びを見出すよ

Chapter 5

プロポーションづくりのプロの現場から

うになり、サロンにはますます活気が生まれます。

ダイアナサロンでは、メンバーの方一人ひとりが主役。そしてそれを陰で支え、年齢もタイプもバラバラの女性たちの交流の場をつくっているのが、チーフなのです。

はじめてダイアナサロンに顔を出した方は、少し驚かれるかもしれません。メンバーの方たちが続々と集まり、チーフが「おかえり～！」「今日も来てくれてありがとう！」と声をかけています。部屋の隅では、チーフがメンバー様にアドバイスしているかと思えば、部屋の反対側ではメンバー様同士がマッサージ講習会をしています。そんな活気あふれる光景に、私でさえも圧倒させられることがあります。

イキイキとした皆さんの姿からは、プロポーションづくりを心の底から楽しんでいる様子が伝わってきます。サロンに集うメンバー様の中には、「ダイエットが辛くて苦しいものである」と考えている方は一人もいないでしょう。はっきりと、そう断言できます。

ダイアナでは、プロポーションづくりの成果を競うコンテストを年一回開催していると前述いたしました。

ここでも力になるのが、メンバー様同士の交流です。

コンテストは地区大会から始まり、決勝大会、全国大会…と厳しい選考を最後まで勝ち抜くのは、並大抵の努力では成し遂げられないことのように思えます。

さぞつらかったのでは……と思いますが、勝ち残ったお客さまは意外にも「ここまであっという間でした！」「もう一回コンテストに出たい！」と明るくおっしゃる方ばかりなのです。

その顔からは、いかに楽しみながらプロポーションづくりを成し遂げたかがはっきりと伝わってきます。

こうした姿からも、女性は何かを楽しみながら目標に向かって努力する時こそ、成果を上げるのだということを実感しています。

チーフたちは、そのことを誰よりもわかっています。だからこそ、メンバー様が集まりたくなるようなサロン作りに日々励み、チーフ自身もまたお客様からパワーをいただいているのです。

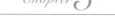

キレイになるのに、「1人」で頑張りすぎる必要はまったくない

ダイアナのサロンに通う女性たちは、本当に誰もが驚くようなプロポーションの変化を成し遂げ、キレイになっている方が大勢いらっしゃいます。

その秘訣は、ここまでお伝えしてきたデータサイエンスの強みや、ダイアナが開発してきた商品の力ももちろんあるでしょう。しかしそれに加えて、〝なりたいわたし〟を叶えてくれるチーフの存在があるからこそ、ダイアナが37年間蓄積してきたデータや研究が十分に活かされるのです。

ダイエットがうまくいかずに悩んでいる女性に会うたびに、感じることがあります。それは「みんなキレイになろうとして、ひとりで頑張りすぎている」ということです。私はそのような女性に対して、アスリートを例に挙げてお話をさせていただくことがあります。

世界を相手にするオリンピックやパラリンピックのアスリートたちは、4年にたった一度のその日のために、孤軍奮闘で厳しい練習に励み、闘っているように見えます。

しかし実際は、選手はひとりで頑張り続けるわけではありません。その背後には、支えてくれるコーチやチームメンバー、スポーツトレーナーや管理栄養士、応援するサポーターやファン、家族などの存在があるからこそ、最大限のパフォーマンスが出せるのです。

ダイアナのサロンでプロポーションづくりに取り組む女性たちも、これとまったく同じです。〝なりたいわたし〟のゴールまで正しく導いてくれて、常にモチベーションをコントロールしてくれるチーフと、楽しみながら一緒に頑張るメンバー様たちの存在があって、初めて頑張ることができるのです。

キレイになることも、アスリートとして世界に挑むことも、プロフェッショナ

ルの力を借りるのが、もっとも早く上達する方法であることは間違いありません。世界を相手に自己流でトレーニングするアスリートは、一人としていないはずですよね。

人生というのは、周囲の人たちがいてはじめて明るく、キラキラと輝き出すものです。

「キレイになりたい」というあなたの真剣な思いは、十分に理解しています。ですから一歩踏み出して、誰かの力を借りてください。周りに美に関するエキスパートの方や、有識者、専門家の方がいれば、その方たちからアドバイスをいただくのが一番です。

それが、美しいプロポーションが手に入る確実で最適な方法であるということを、ダイアナのデータサイエンスが証明しているのです。

美のプロフェッショナル「マスター・オブ・ビューティ」とは

美しさのために欠かせないのが「メリハリとバランス」「健康的であること」そして「頑張りすぎず、キレイになるのを楽しむマインド」だとお伝えしてまいりました。


本書を通してその重要性が伝われば、こんなにうれしいことはありません。

これから、プロポーションづくりを行っていくみなさんにもうひとつだけ、お伝えしたいことがあります。それが、「すべての女性が一人ひとり異なる魅力を秘めている」ということです。

女性のみなさんは、自分に対して厳しい目を持っていらっしゃいます。それはときに、自分を律するために必要なことなのでしょう。

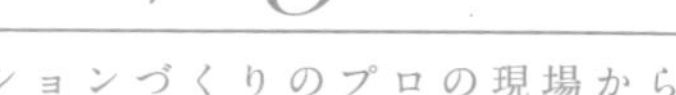

「あの人のように素敵になりたい」

「あの人のように素敵に年を重ねたい」

誰かと比べて、美に対してどん欲になろうとする。それもまた、とても素晴らしいことだと思います。

しかし、その一方であまりに「憧れの人」に傾倒してしまうと、あなた本来の魅力を損なってしまう恐れもあります。最初のうちはモチベーションとなるかもしれません。しかし、「憧れの人」と自分とを比較するあまり、ご自身が苦しくなってしまうかもしれません。


本当に輝く女性というのは、自分の魅力も欠点もわかったうえで、「自分らしさ」を発揮することに長けています。

例えば、身長や骨格といった生まれ持ったものは変えようと思っても変えることはできません。

変えられない部分もあるけれど、自分でコントロールできるところはあります。そこに集中して美を追求していく。そういう意味で、美を追求することとは「自分でコントロールできる部分を増やしていくこと」「〝なりたいわたし〟をイメージすること」なのかもしれません。

そのためにまず大切なのは、ありのままの自分を知り、受け入れることです。それが美しさを極める最初のステップです。

ただし、人によってはありのままを受け入れることが怖い、あるいは受け入れられないという場合もあるでしょう。

そんなときは、どうかあなた自身をよく知る周りの方に相談してみてください。ひとりでは受け入れられないことも、誰かと一緒なら、すんなり受け入れられる、ということもあると思います。

そうして、自分らしい「美」、マスター・オブ・ビューティへと少しずつ歩みを進めてほしいと思います。

一人でも多くの「マスター・オブ・ビューティ」が誕生するよう、私たちもまた進化し続け、多くの女性の笑顔を増やしていきたいと考えています。

おわりに

「ダイアナ ゴールデン・プロポーションアワード」

毎年、一般社団法人日本プロポーション協会が開催しているプロポーションづくりの成果を競うコンテストです。

全国約730カ所にあるダイアナのサロンから勝ち上がってくる、代表メンバーのみなさん。

出場されるみなさんも、はじめは「コンテスト出場なんてやっぱりできない」「恥ずかしい」といった不安を口にされるのですが、いざ大会が始まり、お化粧やレオタードの衣装に身をつつむと、みなさんの顔が一層輝きを増すのです。

私も長年その審査に立ち会ってまいりましたが、年代を問わず本当にみなさん

「美しい……」と見とれてしまうほどです。プロポーションはもちろん、内面から湧き出る自信がさらにその方を美しくさせるのでしょう。

毎年開催される、このコンテストの空間が、私は大好きなのです。

これまでのコンテストでは、20代、30代、40代、50代、60代以上の部という年代別で開催していましたが、近年は70代以上の方も多く出場されるようになりました。そこで私どもは２０２４年から70代以上の部も新設し、より多くの女性が輝ける場を提供していこうと考えています。

それだけではありません。最近では男性の方で美に関心を持たれる方が多くなりました。とくに若年層では、メンズコスメを使用するなど、男性も自分を美しく見せることに抵抗がなくなりつつあります。

こうした社会背景から、ダイアナでは２０２４年、35回の記念大会を祝した「ダイアナ ゴールデン・プロポーションアワード」では男性にも出場いただくメン

おわりに

ズダイアニストを新たにスタートいたします。

女性の美を応援してきたダイアナにとって、大きなターニングポイントといってもよいでしょう。

今後、ダイアナでは男性のプロポーションづくりにも力を入れていくとともに、男性のゴールデン・プロポーションの見直しも図っていきたいと考えています。

そして、もう1つ、私が好きな空間をご紹介させてください。それは「ダイアナサロン」です。

ここは、本当に特別な場所です。

年齢も職業もバラバラの女性たちが一同に集まってビューティメソッドを学びながら、お互いを褒め合ったり励まし合ったりして切磋琢磨している。

メンバー様たちがひっきりなしに出入りするその空間は、常に活気にあふれているのです。

このメンバー様をまとめているのが、「チーフプロポーションカウンセラー」（以降チーフ）という存在です。実はこのチーフも、もともとはダイアナに通うお客様の一人だったというケースがほとんど。「理想体型になりたい」というメンバー様の思いを誰よりも把握しています。だからこそメンバー様もチーフにはなんでも話せるのでしょう。

多くのチーフはこう言います。

「私も自分のチーフにキレイにしてもらいました。だから次は、私が誰かをキレイにする番なんです」

こうしてダイアナが蓄積してきた「美の法則」は、人から人へ伝わり、今も広がり続けているのです。

このように、女性問わず、男性にも重要視されている「美」だけに焦点を当て、語り合い、教え合い、高め合う。メンバー様とチーフが一体となって、作り出す姿は、自身の美を作り出すだけでなく、その空間までもが美しく感じます。

おわりに

本書では、ダイアナが長年にわたって積み上げてきた「美の法則」をみなさんにも少しお伝えしてまいりました。つまり、みなさんは今、「マスター・オブ・ビューティ」の世界の入り口に立っている、ということです。

本書を通じてお伝えしたさまざまなビューティメソッドを、ぜひあなたのプロポーションづくりの中にも取り入れてください。

しかし、そのすべてを自分一人で行うのは限界があります。

理想のプロポーションを無理なく手に入れたいのであれば、ぜひ一度、ダイアナのサロンに、私の大好きなこの空間に、足を運んでいただきたいと思っています。

ダイアナでは、サロンだけではなく今後さまざまな「美」のアプローチをみなさんにご提供したいと思っています。

著書の中でもご紹介したフットケアサロン「リゼラアンドコー」をはじめ、2

017年には、9品目の栄養バランスのとれた食事ができるダイニングレストラン「シャイニーアウル」を表参道にオープンいたしました。9品目のフルコースを食べても、500キロカロリーで抑えることができる食事内容は、多くの女性から高評価をいただいております。

これからもダイアナは、プロポーションづくりを通してみなさまの豊かな人生をサポートしてまいりたいと考えます。

本書をお読みくださった読者の方に感謝して、私の言葉としたいと思います。

読んでくださった皆様へ

最後までお読みいただき、ありがとうございます。
ダイアナのことをもっと知っていただくために、
2つの特典をご用意いたしました。
本書と合わせてこちらもぜひご活用ください。

① ダイアナサロンの体験はこちらから！

全国約730カ所から
あなたのお近くの
サロンが探せます。

② ダイアナについてもっと深く知りたい方はこちらから！

ダイアナが
プロポーションづくりに
かけてきた思いを始め、
商品やコラムなど
最新情報が満載です。

[著者プロフィール]

徳田　充孝　とくだ・みつたか

女性用補整下着販売を手掛ける株式会社ダイアナの代表取締役社長 兼 会長。
株式会社ダイアナは「女性美の原点はプロポーションの美しさにある」という理念のもと女性の美を追求してきた。2009年に社長として招聘された徳田は、この理念に深く感動。ダイアナの理念を受け継ぎ、純粋MBOの後、オーナー経営者となる。ダイアナの補整下着は顧客一人ひとりに細かく合わせたサイズ展開を行っており、特にフルカップブラジャーの69サイズは他に類を見ない充実度となっている。

徳田は1967年、大阪府生まれ。新卒で繊維企業に入社後、実績を買われ37歳という若さで同社専務兼基幹事業会社社長に就任。その後いくつかの企業の再建や成長を果たし実績を重ねた後、株式会社ダイアナに入社。現在はダイアナの理念を広めるべく、理想のプロポーションづくりを行うフランチャイズ店舗を全国に展開。「輝く女性を一人でも多く増やす」ことをモットーに掲げ、ライフスタイルソリューションの会社へと変貌を遂げるべく奮闘中。美と健康、ライフスタイル領域で事業を多角化し、4000店舗展開に向け更なる成長を目指す。

英国国立ウェールズ大学経営大学院MBAプログラム修了。
株式会社リゼラアンドコー　代表取締役会長
株式会社Dサクセッションパートナーズ　代表取締役会長
株式会社Dブリリアントパートナーズ　代表取締役会長
一般社団法人日本プロポーション協会　代表理事
一般社団法人日本ケアビューティー協会　代表理事
一般社団法人 東京ニュービジネス協議会副会長
一般社団法人 日本フランチャイズチェーン協会理事

自分に自信が持てる
プラチナプロポーションメソッド

2023年8月1日　初版第1刷発行

著　者	徳田充孝
発行人	津嶋 栄
発　行	株式会社フローラル出版 〒163-0649　東京都新宿区西新宿1-25-1 新宿センタービル49F　+OURS内 TEL　03-4546-1633（代表） TEL　03-6709-8382（注文窓口） 注文用FAX　03-6709-8873 メールアドレス　order@floralpublish.com
出版プロデュース	株式会社日本経営センター
出版マーケティング	株式会社BRC
企画プロデュース・編集	掛端　玲
印刷・製本	株式会社ティーケー出版印刷

ISBN978-4-910017-41-9　C2077